AF450663

DE LA GENÈSE SOCIOLOGIQUE

DE LA PÉNALITÉ

PAR

RAOUL DE LA GRASSERIE

Docteur en droit,
Lauréat de l'Institut de France,
Correspondant du Ministère de l'Instruction Publique.

(Extrait de la *Revue Internationale de Sociologie*).

PARIS

V. GIARD & E. BRIÈRE

LIBRAIRES-ÉDITEURS

16, Rue Soufflot, 16

—

1900

De la genèse sociologique de la pénalité.

On sait à quelles vives controverses ont donné lieu l'existence et la nature du droit de puuir, ainsi que ses causes, ses conditions, sa mesure, de sorte que ce sol réputé jadis inébranlable et sur lequel tous les codes avaient été construits est devenu le plus mouvant des terrains. Suivant les écoles anciennes, ce droit dérivait de l'autorité investie de la mission de réprimer ce qui est malfaisant en raison de la malice de l'acte; suivant les doctrines modernes, il s'agit seulement de la nécessité pour la société de se défendre; quelques-uns mêmes prétendent que ce droit n'existe à aucun degré et à aucun titre, c'est le système de la non résistance au mal. Suivant les premières, la pénalité plonge dans l'absolu et c'est dans une éthique métaphysique qu'elle a ses racines, suivant les secondes, c'est plutôt de politique criminelle que de droit criminel qu'il s'agit et l'absolu est éliminé par le contingent. Mais dans tous les cas, la punition est l'exercice d'un droit, même d'un devoir, et c'est seulement sur la nature de ce droit et de ce devoir que l'on discute.

Nous ne nous occuperons pas ici de ces controverses ni de la question ainsi posée. Nous pensons, en effet, que le droit de punir est une expression pompeuse, qui, au moins en ce qui concerne la *genèse* de la peine et son *évolution* premières, ne répond pas à la réalité. C'est ce dont on se convainc très vite si l'on se place au point de vue de la *sociologie*, soit *statique*, soit *dynamique*, et surtout de cette dernière. En sociologie, il y a bien plutôt des *forces* que des *droits*. Il suffit de constater et d'essayer de comprendre les forces qui se font jour. Or le crime est une force, la répression en est une autre; il y a lutte entre le crime et la répression, de même que dans la nature il y a lutte entre les éléments contraires. A un certain moment seulement, mais avancé déjà, de l'évolution, la force utile se change en droit, et par contre la force de punir devient le droit de punir. A son tour, sous l'empire de certaines circonstances sociales, le droit se double d'une obligation, et l'on parcourt ainsi la série : *force, droit, devoir*, mais pendant longtemps le premier terme existe seul. Si l'on s'en tient aux origines, il est donc oiseux de rechercher si, *in abstracto*, la Société avait le droit de punir, et ce droit surtout poussé jusqu'aux extrêmes limites, celui de vie et de mort; elle en avait et en a la force et la nécessité pour pouvoir subsister; comme l'exercice de cette force est utile, elle s'est convertie en droit, s'étant adaptée parfaitement à la vie sociale et même à la conservation des individus. Ce droit s'est converti à son tour en devoir de la même *façon mécanique*. La même évolution a eu lieu chez l'individu lésé; il se venge d'abord lorsqu'il en a la force; ce n'est pour lui ni un droit proprement dit, ni une obligation; s'il est faible, il reste sans vengeance et nul ne la lui procure; mais le fait se convertit en droit, en ce que personne ne peut venir entraver sa vengeance, ou ne peut l'en punir, et même peu à peu il vient requérir l'aide familiale ou sociale, mais il reste libre, s'il lui plaît, et s'il ne veut pas troubler son repos davantage, de ne se point venger. Enfin cette faculté lui est enlevée et son *droit* de vengeance se convertit en *devoir* de vengeance; celui qui ne se venge pas encourt le blâme de l'opinion publique; il est noté de honte, sinon d'infamie; cette obligation de se venger a même survécu dans bien des cas.

Il y a lieu par conséquent de rechercher l'action de punir dans ses trois degrés successifs : la *force*, le *droit*, l'*obligation*. Mais c'est le *premier degré*, la force, qui fera l'objet de la présente étude, car c'est lui seul qui préside à la *genèse*. D'ailleurs, par *force* nous entendons un *phénomène social*, nullement de hasard, mais produit par une *loi naturelle*, ici une, *loi sociologique* de la plus haute importance et qui se retrouve ailleurs, correspondant à une *loi biologique* identique. Il s'agit de la loi de l'*action* et de la *réaction*, celle-ci tantôt *réflexe*, tantôt *consciente*, mais toujours *mécanique*. Dans tous les êtres organisés, l'*action du dehors* produit une *irritation* qui est un des premiers signes de vitalité dans la vie de relation et elle provoque une *action réflexe* qui n'est autre qu'une *réaction*; quand ce mouvement rencontre un autre être, en général, celui qui a été l'auteur de l'action, elle provoque chez lui une *réaction seconde*, une *réaction de réaction*, et le *mouvement réciproque* continuera peut-être longtemps tant qu'il ne rencontrera pas d'obstacle définitif ou qu'il ne se sentira pas épuisé. Quand l'action se prolonge jusqu'aux centres nerveux, le mouvement réflexe devient une *réaction consciente*. Il en est de même lors de la genèse de la *peine;* celle-ci est la conséquence mécanique du *crime* lui-même et se produit sans volonté ni intention, pas plus celle de défense que celle de vengeance ; ces dernières sont elle-mêmes le résultat d'une évolution. Le crime est l'action qui provoque l'irritation, c'est souvent une blessure soit matérielle, soit morale ; la peine sous ses diverses formes, soit légitime défense, soit indemnité à recevoir, soit souffrance infligée, n'est que la réaction à cette action ; l'assimilation est complète ; cette réaction, cette peine cause à son tour une contre-réaction fréquente, la révolte du coupable puni contre la société ou sa revanche de vengeance. C'est ce *processus*, qui à l'origine fait une apparition totale, mais qui ne disparaît jamais, que nous voulons étudier dans ses vicissitudes et ses développements, comme phénomène sociologique. Il s'agit surtout ici de sociologie dynamique, ce qui nous obligera à puiser dans l'histoire et la géographie quelques exemples qui seuls peuvent donner assez de consistance à la dynamique, mais en nous bornant de ce côté aux investigations indispensables pour l'induction.

A l'opposite de la peine se trouve la récompense peu usitée et peu observée jusqu'à présent et qui est exclue de tous les codes ; cependant elle est la contre-partie naturelle et nécessaire de l'autre. On peut la concevoir successivement aussi à l'état de *fait*, puis à ceux de *droit* et *d'obligation ;* elle n'a pratiquement guère dépassé le premier état. La *récompense* est une *réaction du bienfait*, comme la punition est la *réaction du crime*, les situations sont symétriques l'une à l'autre. L'observation sociologique de cette action et de cette réaction nouvelles continuera notre étude.

Enfin il existe entre le crime et la punition d'une part et le bienfait et la récompense de l'autre des rapports et des *interférences ;* le crime peut être contrebalancé, *neutralisé*, par le bienfait ; de même, la punition annulée par la récompense. Il ne s'agit plus alors d'action ou de réaction entre ces phénomènes différents, mais de ceux de *neutralisation* de l'un par l'autre, ce qui augmente la complexité.

Nous examinerons successivement: 1° le fait de punir ou la réaction *pénale* contre l'action du crime, 2° le fait de récompenser ou la réaction prémiale contre l'action du bienfait, 3° l'interférence entre les deux actions et en même temps celle entre les deux réactions.

A. — *Réaction pénale.*

Le fait de punir peut être exercé par des personnes différentes, et ces personnes n'ont pas toujours des rôles concomitants, mais souvent des rôles successifs. A l'origine, c'est la personne lésée qui exerce seule cette punition ; tel est le principe, et elle fut longtemps réputée la seule intéressée ; elle a seule souffert, elle a seule perdu, elle est souvent menacée dans l'avenir, la colère n'existe que chez elle, elle a seule besoin de la satisfaire. Il n'y a non plus lieu d'agir que contre l'auteur même du délit. L'action ne fut qu'individuelle ; la réaction n'est qu'individuelle aussi. C'est la *justice privée*. On la voit bientôt dépasser cette sphère. L'individu lésé fait souvent partie d'une famille naturelle et aussi de la famille artificielle plus vaste qni s'appelle le clan, et enfin de la tribu ; il s'établit surtout entre les membres de la famille étroite, tous ceux qui sont sous l'autorité du même père de famille, une solidarité intense ; qui offense l'un offense l'autre, et souvent, en effet, dans l'intention de l'offenseur, l'injure s'est étendue à la famille entière, aussi celle-ci se lève comme un seul homme et cherche à infliger la punition ; si cette punition est lucrative, elle en partage le bénéfice, car la répression ne s'est pas faite sans efforts. De même, la famille entière de l'agresseur est responsable pour lui en vertu de la solidarité, et en cas de meurtre, on ne cherchera pas pour la vengeance à tuer l'auteur lui-même, il sera aussi satisfaisant d'en tuer tout autre membre. C'est la *justice solidaire* ou *collective*, que nous n'appellerons pas *justice familiale*, parce que nous réservons ces termes pour un autre cas. Mais le crime peut avoir été commis, non par le membre d'une famille, d'un clan ou d'une tribu vis-à-vis de celui d'une autre famille, d'un autre clan ou d'une autre tribu, mais par le membre d'une nation vis-à-vis du membre d'une autre. Alors existera bien toujours la justice individuelle de la personne lésée à la personne coupable ; mais y aura-t-il une justice collective de l'une des nations contre l'autre ? Oui, quelquefois, quand, par exemple, il s'agit de la personne d'un monarque ou d'un personnage important ; la guerre de Troie en est un exemple ; mais non toujours. Dans tous ces cas, c'est un individu seul qui a été lésé, un seul qui a été l'auteur de l'agression. Le délit est individuel. Seulement une collectivité de plus en plus étendue prend fait et cause pour l'individu contre une autre collectivité. On ne sort pas de la justice individuelle ou externe.

Le crime peut ne pas être commis par un individu contre un individu, mais par une collectivité contre une autre collectivité, en fait, le plus souvent par le chef de l'une contre le chef de l'autre ; ces collectivités peuvent d'ailleurs constituer des clans, des tribus, des nations ou des confédérations. Alors la répression a lieu au moyen de la guerre, à moins qu'il n'intervienne une satisfaction constatée par un traité. La répression guerrière est en dehors de notre sujet. Il s'agit alors de répression *externe* encore, mais *internationale*.

Le crime ou le délit peut être commis directement soit par un individu contre la collectivité dont il fait partie, soit par la collectivité contre un individu, l'un de ses membres. L'action, au lieu d'être *latérale* comme tout à l'heure, devient *directe, ascendante* ou *descendante*, et en sens contraire, la réaction. La société atteinte par un de ses membres est en réalité comme un simple individu, elle a aussi le droit de se défendre, et s'il y a lieu, celui de se venger. Il s'agit alors d'une *justice interne*. De la société à l'individu, la réaction vengeresse peut s'exercer d'une manière mesurée et légale ; il en est autrement de celle exercée par l'individu contre la société ; comme celui-ci a affaire à forte partie, il ne peut réussir que par la révolte et l'emploi de moyens irréguliers. La collectivité dont il s'agit peut être très peu étendue ; elle peut consister dans la simple famille.

Dans les *actions* et les *réactions d'ordre pénal* qui s'agitent entre individus de la même collectivité, celle-ci n'intervient pas ; elle ne le fait jamais d'abord ; *elle ne punit pas la vengeance privée, pas plus qu'elle n'avait puni le crime ;* mais parmi les crimes qui lèsent les particuliers, il y en a un certain nombre, d'abord fort restreints, qui lèsent les autres citoyens, non qu'ils leur fassent subir un dommage direct, mais parce qu'ils constituent pour eux un danger. Un vol est commis au domicile d'un particulier, sans circonstances aggravantes : sans doute, une occasion très favorable aura tenté le voleur qui d'ailleurs n'a pas fait preuve d'une audace anormale ; cela ne regarde que la victime ; mais si l'auteur est un voleur d'habitude, s'il est entré la nuit, par effraction, s'il a fait usage de la violence, voilà un criminel dangereux pour tous, il lèse tout le monde par la crainte qu'il inspire et oblige à se défendre d'avance contre lui. Tous sont donc intéressés à le punir. Ils en auront ou ils en prendront le droit ; tantôt ils se contenteront de poursuivre, tantôt ils jugeront, tantôt ils exécuteront. On est passé de la justice *interne directe* à la justice *interne indirecte*. Mais les autres citoyens n'ont pas besoin de se réunir pour la répression, ils peuvent agir un à un, *ut singuli*.

D'autres fois, ce ne sont pas les autres citoyens pris un à un qui sont lésés par le délit de particulier à particulier, c'est la collectivité entière dans son ensemble. C'est ainsi que la lâcheté à la guerre n'est pas un crime dirigé contre la collectivité, comme la sédition, mais il lui est essentiellement nuisible. Il en est ainsi même des crimes dirigés contre tous les citoyens *ut singuli*, comme la fausse monnaie, et même des crimes dirigés contre un seul individu, s'ils troublent la paix publique, et cela, suivant les idées particulières de chaque peuple, par exemple, chez les sauvages l'inobservation des principes de l'exogamie. La société qui agit ainsi peut être une société plus ou moins compréhensive ; la moindre est la famille ; le chef punit les délits commis par les membres de cette famille qui lui sont soumis, toutes les fois qu'ils portent atteinte à son autorité et à la cohésion de la famille, même quand ces délits ne sont pas directement dirigés contre lui.

Cette punition d'un membre d'une collectivité par cette collectivité même soit pour un délit dirigé contre elle, soit pour un délit, qui sans être dirigé ainsi, peut avoir sur elle une *répercussion*, constitue la *justice interne*.

Cette justice comprend celle relative au crime commis par un individu contre une collectivité plus élevée encore ou qui a sa répercussion contre cette collectivité ou l'être suprême qui la représente. Cette collectivité est celle qu'on peut appeler *cosmosociologique*, c'est-à-dire composée de tous les êtres visibles ou invisibles de l'univers, et l'être qui la résume est la Divinité.

Les délits contre cette société sont ceux qui attaquent cette divinité, tels étaient ceux de blasphème, d'hérésie, de magie, suivant les époques ; ils étaient connus sous le nom générique de crimes de *lèse-majesté divine*. La divinité, par ses représentants, exerçait la punition de ces délits, d'abord par ceux d'ordre ecclésiastique, au moyen des peines de cet ordre, puis par la société civile au moyen des peines ordinaires. Cette réalité est évidemment contestée par les personnes qui n'ont pas de croyance religieuse ; nous n'avons pas à entrer dans cette querelle ; nous constatons l'évolution.

Mais la justice, dite divine, ne s'est pas bornée aux délits attaquant directement la divinité ; celle-ci peut se trouver indirectement offensée par les délits entre particuliers lorsqu'ils constituent une transgression d'ordres divins formels ou d'une obligation naturelle prise sous leur protection. Alors il faut une peine corporelle imposée au coupable pour apaiser la colère de Dieu qui sans cela se répandrait sur la collectivité entière. C'est le *droit pénal divin*. Une idée spéciale en est dérivée, celle d'*expiation*, qui apparaît à l'opposite de celle de défense. L'amendement du coupable, la réparation du dommage, ne suffiraient pas, il faut la pacification de la divinité à son tour.

La justice religieuse clôt le cercle de la *punition interne*.

. Il y a eu entre ces diverses sortes de punition une *gradation historique*. D'abord la peine *individuelle* et *externe* existe seule, puis par développement de la *solidarité* vient celle qui est *internationale*; il apparaît ensuite le droit de punir *interne*, qui s'exerce d'abord pour les crimes d'individus à collectivité, puis quelquefois, de plus en plus fréquemment, pour ceux qui, quoique d'individus à individus, lèsent la collectivité indirectement, mais il est alors exercé d'abord par les citoyens *ut singuli*, puis par l'*unité sociale*; cette unité est d'ailleurs de plus en plus *extensive*; enfin la *justice religieuse* clôt le cercle, et la peine, après être venue d'en bas, de l'individu seul attaqué, vient du monde entier.

À mesure qu'il passe à des collectivités de plus en plus hautes, les ayants droit inférieurs en sont partiellement dépouillés, et n'ont plus que des *résidus de leur droit primitif*. La divinité finit même par se réserver la vengeance qui appartenait à l'individu. En même temps, le *droit de punir change de nature*. Le *but* en devient plus élevé, plus abstrait, il se *purifie*, mais sans que sa rigueur soit diminuée, au contraire, le châtiment devient plus terrible.

Mais après avoir parcouru ce cycle, on parcourt le *cycle inverse*. Après avoir été *divinisée*, la *punition s'humanise* de nouveau, se *laïcise*; l'idée d'*expiation*, le *mal effaçant le mal*, sans qu'il en revienne aucun bien à la victime, s'efface; la société considère son intérêt surtout, de là des peines très sévères encourues, mais *utilitaires*; puis l'intérêt de la *personne lésée* reprend le dessus, mais ce dernier point appartient plus à l'*avenir* qu'au présent.

Ce qu'on retient généralement davantage dans la division entre les directions dans lesquelles s'exerce la justice, *ascendante, descendante, latérale, internationale*, c'est celle en justice *externe* et en justice *interne* qui en ressort en effet, mais qu'on veut caractériser d'une manière inexacte, en supposant qu'elles ont une genèse différente, que la justice *externe* seule a eu pour origine la *vengeance*, la *réaction* involontaire, tandis que la justice *interne* est issue directement d'une idée d'*expiation* du mal et d'*amendement*; le droit pénal aurait ainsi *deux origines* distinctes, et la seconde se rattacherait à l'autorité familiale; nous reviendrons sur ce point. Mais nous devons dire d'ores et déjà que la punition a eu une *origine unique mécanique,* se *sublimant* peu à peu, que nous décrirons.

La pénalité a plusieurs *buts* et doit être étendue successivement suivant ces buts divers. Le premier et le plus essentiel est la *réparation du dommage* causé, ou plus exactement, la *restitution en entier* dans l'état précédent, soit *directe,* soit par *équivalents*; c'est celui surtout de la personne lésée. Le second est celui de se *garantir contre le retour* de faits du même genre commis par le *même auteur* ou par d'*autres,* d'où l'*intimidation* et l'*exemplarité*; le troisième consiste dans l'*amendement* du coupable, mais il ne faut pas croire qu'on se soit préoccupé tout d'abord et *ensemble* de ces *trois buts*; ils sont *nés successivement* et l'*un de l'autre* Pour le comprendre bien, il faut définir d'abord la peine, d'autant plus soigneusement que ce terme est tout à fait inexact, étant donné qu'il est pris d'habitude pour un synonyme d'expiation, et il faut se rendre compte de son développement successif. Pour plus de facilité, nous allons l'observer à *son origine* chez l'*individu lésé.*

La peine, ou plutôt l'*exercice de la peine,* la *punition, est une réaction contre l'action du crime.* Cette réaction est d'abord *inconsciente* et semblable de tous points à l'*action réflexe.* Je suis frappé; je porte mes mains en avant pour empêcher le coup de m'atteindre et pour atteindre à mon tour mon adversaire; si j'ai une arme, j'exécute ce mouvement avec mon arme. Cette *réaction immédiate* et inconsciente, ce *réflexe,* c'est la *légitime défense.* Rien de mieux connu; la légitimité en est admise par tout le monde, sauf par les adeptes de la *non-résistance au mal.* Ce n'est pas le premier mouvement seul qui doit être dénommé ainsi, mais tous ceux qui suivent sans *interruption sensible.* Il n'est pas nécessaire du reste que j'aie été moi-même attaqué, il suffit qu'on attaque quelqu'un de ma famille ou qui soit placé sous ma protection. Il n'est pas nécessaire qu'on en veuille à ma vie; il suffit qu'on veuille m'enlever mon honneur ou mes biens. C'est toujours une réaction que légitime l'action, un simple réflexe.

Mais le crime contre moi a réussi, l'auteur a pu s'échapper, j'ai eu le temps de réfléchir. Aurai-je le droit encore de nuire à celui qui est sans armes? Je n'ai plus à me défendre. Il ne s'agit pas de droit, nous n'en sommes pas encore à cette période; il ne s'agit que de *forces naturelles en jeu.* La *réaction n'est pas finie,* je sens mon sang brûler; si l'adversaire était présent, la légitime défense ne serait pas éteinte. En effet, elle ne l'est pas; elle est seulement *prorogée.* Elle consistera d'ailleurs non à *empêcher* le crime accompli, mais à *rétablir* dans l'état antérieur; ce rétablissement se fait d'une manière différente, suivant l es droits lésés. Si on m'a enlevé des biens, ma réaction retardée s'appellera *rétorsion*; j'irai les reprendre sur l'ennemi; s'ils n'existent plus, j'en saisirai d'autres à leur place, soit sur l'auteur soit, dans le cas de solidarité familiale, sur l'un des membres de sa famille; si après m'en être emparé, je ne puis les emporter, je les détruirai, je ne gagnerai pas, mais il perdra, l'*équation* sera rétablie. Si l'on m'a blessé dans ma personne, je ne puis pas me restituer directement, mais d'une part j'enlèverai des biens pour me récompenser des dépenses faites; de l'autre, j'infligerai à l'auteur une *lésion identique* et de même gravité, sinon une lésion plus forte. Ce sera une *restitution autant que possible*. En effet, la restitution consiste à *récupérer* les avantages perdus, mais à défaut, à *infliger* à l'auteur une *lésion semblable;* il ne conservera pas l'avantage qu'il avait obtenu ; c'est donc bien encore une restitution, sinon au profit de la victime, au moins, du côté de l'auteur. On crève un œil au sauvage, son ennemi ne peut le lui rendre, mais il prendra celui de l'ennemi en échange du sien. C'est la vengeance, c'est l'*échange* imposé par la victime dans sa réaction prolongée. Sans doute, elle peut renoncer à sa vengeance dans un but de profit pécuniaire, c'est la composition, corollaire de la vengeance, et qui en fait partie intégrante, nous n'avons pas à nous en occuper en ce moment.

Le crime est vengé, est réparé autant que possible, soit par une *rétorsion*, soit par le *talion*. Tout est-il terminé, le crime a-t-il sorti tous ses effets, toute son action, et par conséquent, la réaction est-elle épuisée ? Nullement, la victime doit se garantir pour l'avenir contre le criminel capable de nouveaux crimes, capable d'autant plus qu'il va être exaspéré par la vengeance. L'action continue donc, *latente*, mais *intense;* il faudra que la réaction veille, que le réflexe ne se retire pas tout de suite avant d'avoir assuré l'avenir. Dans ce but, il ne suffira pas que la victime ait rendu blessure pour blessure; il faudra qu'elle élimine l'auteur pour toujours, ou du moins pour un temps très long pendant lequel il pourra oublier l'idée de la *revanche de la vengeance.* Elle le fera chasser de la tribu commune, ou obtiendra une interdiction de séjour, et à défaut et pour plus de sécurité, si le crime avait été grave, elle le tuera, elle tuera même tous ceux des siens qui pourraient le venger. Cependant, de même que le coupable pouvait *échapper à la vengeance* au moyen de la *composition pécuniaire*, il pourra *échapper à l'élimination* par le *repentir sincère*, par la preuve qu'il s'est amendé; il en résultera pour lui un double boni, il évitera la peine et sera devenu meilleur.

Telles sont les trois phases successives. Nulle part, il n'y a *expiation proprement dite*, il n'y a même pas peine voulue. Il s'est produit une *réaction égale en durée à l'action*, et dont les *suites punissent autant qne la suite de l'action*; c'est un *réflexe conscient de la transformation d'un réflexe né inconscient*.

Mais ce qu'il ne faut pas perdre de vue dans ce processus, c'est que l'action ayant causé la réaction et celle-ci ayant agi à son tour, tout n'est pas terminé. En effet, la *réaction*, en se développant chez la victime, est devenue à son tour une *action de sa part*, dès lors elle cause une réaction de la part du criminel, réaction non pas légitime, mais cependant réaction. Par exemple, un meurtrier éprouve de la résistance de la part de sa victime; celle-ci dans la lutte passe de la *défensive à l'offensive*, ce qui est inévitable; elle cherche à son tour à tuer le meurtrier; celui-ci, instinctivement, par un *nouveau réflexe* se défend, puis attaque à son tour; il y a *réaction contre une réaction*.

C'est ce qui a presque toujours lieu dans l'exercice de la *vendetta* chez les peuples qui la pratiquent. Rarement, la revanche prise, tout est terminé. Au contraire; celui qui l'a subie, ou s'il est mort, ses descendants songent de suite à une nouvelle revanche. De là cette série interminable de faits de violence dans les pays où règne cette *vendetta*; si l'on y ajoute la solidarité familiale, on ne jouit plus d'aucune sécurité. Le même fait peut s'observer entre nations, surtout dans les guerres qui ont amené une annexion du territoire ennemi. Celui à qui on l'a enlevé cherche à le reprendre et parfois y réussit, mais ce n'est d'ordinaire qu'après un laps de temps assez long pendant lequel le conquérant a fini par se croire possesseur légitime. Aussi, après la revanche, l'ancien conquérant crie qu'on lui a fait une injustice et il prépare une contre-revanche; la *prise* et la *reprise* de la malheureuse province recommence à travers les siècles.

Il en est d'ailleurs ainsi non seulement de la *vengeance* particulière, mais aussi de la *peine* appliquée régulièrement par la Société; cette peine est, en effet, sinon une *vengeance* proprement dite, au moins certainement une *réaction*, réaction qui s'accomplit et se prolonge par une action contraire au crime. Le coupable puni cherche à se venger de la punition, et il y réussit si la peine n'a pas été assez forte ni assez durable pour le mettre hors d'état de nuire. Il lutte contre la société qui à chaque crime le frappe de nouveau. Mais chaque peine nouvelle, loin de finir la série, la continue, car la réaction sociale amène une contre-réaction individuelle émanant du criminel. De là cette lutte constante entre le criminel et la société. Comme c'est celle-ci qui *réagit*, cette lutte n'existe plus entre le criminel et l'individu, victime primitive. Ainsi les *récidives* forment au regard de la *réaction* sociale la même série interminable de *crimes* et de *punitions* que la *vendetta* établit au regard de la réaction individuelle. Dans cette lutte, la société ne peut avoir le dessus que par *l'élimination complète* du criminel, d'où l'idée de la *relégation*. Mais il faut supposer une réaction toujours égale à la réaction, ou la dépassant, tandis que normalement elle *s'affaiblit à chaque fois*, aussi tous les coupables ne sont pas des récidivistes. Il en est de même de la vengeance privée, qui à chaque oscillation diminue souvent de force.

Cette *genèse des réactions* les unes par les autres n'a pas lieu seulement entre tel criminel et telle victime, ou entre tel criminel et la société ; elle a lieu aussi, ce qui est tout à fait remarquable, entre la société et l'ensemble des criminels, surtout des criminels de même crime, pris en bloc. Aussi a-t-on remarqué que les exécutions nombreuses, loin d'éteindre une nature de crime, la rendent plus fréquente. On a expliqué ce résultat singulier par la *suggestion d'une idée*. Le peuple, en voyant des peines sévères, surtout la peine de mort, fréquemment appliquées, s'impressionne de cette idée et en même temps de celle du crime qui l'a causée ; elle lui revient sans cesse, et il est poussé à la réaliser, de même que l'homme penché au bord d'un précipice est pris de vertige. Cette explication n'est vraie qu'en partie. La répression sociale met en lutte la société contre l'individualité qu'elle contraint et réprime ; celle-ci réagit et ne peut le faire qu'en commettant l'acte défendu ; la société frappe plus fortement, l'individu réagit davantage. Le crime engendre ainsi une série de crimes.

Tel est d'ailleurs le fond de la doctrine indoue de la puissance de l'acte, du *karman ;* une action engendre une autre action conforme chez celui qui l'avait faite, et crée chez lui un état dans un certain sens, c'est la *filiation des actions ;* mais lorsque cette action s'applique à un autre individu, elle a encore cet effet sur les actions de celui-ci, si elle a été mauvaise et hostile, elle en produira une de même qualité ; c'est la *réaction réflexe*.

La répression, soit qu'elle soit réflexe d'abord et parte de l'individu, soit qu'elle soit raisonnée et vienne de la société, est donc, en réalité, non un acte de *distribution de justice*, ni une *vengeance*, ni un essai de conversion du coupable, mais simplement une *réaction contre l'action*. Cette réaction, action à son tour, appelle de l'autre part une *contre-réaction*, et cela, à l'infini, pendant un certain temps du moins, comme le pendule oscille longtemps autour de son point d'équilibre. Comment ec mouvement prendra-t-il fin ? Est-ce que la réaction d'une part ou l'action de l'autre ne pourra pas devenir assez forte pour le faire cesser ?

La *fin de cette oscillation* peut, en effet, être produite, soit de la part de la société ou de la personne lésée, soit de la part du coupable. Supposons d'abord que la société n'entre pas en cause et que tout s'agite entre la victime et le coupable.

La personne lésée exerce au moment de l'attaque la légitime défense, elle prend les armes lorsqu'elle aperçoit le voleur en train d'accomplir son vol. Si celui-ci résiste, il y a de sa part contre-réaction à la légitime défense; si, au contraire, le voleur ne veut pas résister et prend aussitôt la fuite, il n'y a pas de contre-réaction, la réaction de la légitime défense termine définitivement la série.

La personne lésée a subi le dommage, elle va exercer sa vengeance soit sur les biens, soit sur la *personne* du coupable, soit sur *les deux* à fois, mais celui-ci le prévient et lui offre une indemnité pécuniaire assez considérable pour le tenter, et la victime accepte. Il n'y a plus de réaction pénale, elle a été vendue par la victime moyennant une juste compensation; le cours indéfini des actions et des réactions est arrêté.

La personne lésée a pris vengeance, de ce côté elle est satisfaite, mais elle n'est pas autrement tranquille, il lui faut la *sécurité* pour l'avenir. Dans ce but, l'élimination du coupable est nécessaire, mais dans beaucoup de cas, elle ne peut être que temporaire et le danger n'est que reculé. Cette élimination temporaire qui est une réaction aura cet effet que le coupable cherchera à se venger à son tour par une contre-réaction. Sur ce point, toutes ces réactions et *contre-réactions* peuvent être empêchées si le coupable se repent et s'amende, surtout se repent, puisqu'un seul individu est en jeu contre lui.

Dans tous les cas que nous venons de prévoir, au moins les deux derniers, l'arrêt de la *sériation de réactions et de contre-réactions* est opéré d'une manière bilatérale, du consentement des deux parties, il peut l'être d'une manière *unilatérale* de la part de la victime, mais seulement par l'élimination complète et perpétuelle du coupable, ce qui ne peut se réaliser que par certaines peines, l'exil, la prison perpétuelle, la mort.

Il en est de même lorsque c'est la société qui est en présence de l'individu criminel. La série d'actions et de réactions peut être empêchée unilatéralement par elle au moyen de l'élimination complète et perpétuelle du coupable, d'où, comme nous l'avons noté, l'idée de relégation; mais elle peut l'être aussi avec la *coopération du criminel*. Si celui-ci répare entièrement le tort qu'il a fait à la société directement ou indirectement, il coupe court à la vengeance sociale qui n'a en vue que le rétablissement de l'état premier; s'il s'amende, de manière à devenir bon de méchant qu'il était, il coupe court au besoin de l'éliminer pour empêcher des contre-réactions.

De cette situation, il résulte que le coupable, par le fait du crime et ses suites, acquiert aussi *un droit,* ce qui paraît singulier au premier abord. Il a celui d'arrêter la vengeance privée en offrant une composition pécuniaire suffisante; c'est ce qui a eu lieu au cours de l'évolution, où l'acceptation de cette composition était devenue obligatoire et avait même été tarifée; il peut arrêter les droits que la victime tire de son besoin de sécurité pour l'avenir par son pardon sincère et empêcher ainsi son élimination. Il a les mêmes droits vis-à-vis de la société par la réparation du tort et par son amendement. Seulement ce droit n'est pas absolu parce que la société, de même que les victimes, peut prendre ses précautions.

Ce droit que nous reconnaissons au coupable d'être pardonné dans certaines conditions peut paraître paradoxal. Mais n'est-elle pas singulière aussi l'obligation souvent imposée à la victime de se venger, même lorsqu'elle ne veut pas le faire, sous peine de note d'infamie? Ce droit du coupable forme une vraie réaction de sa part, celle-ci légitime, contre la punition.

Les principes ainsi dégagés et la réduction de l'idée de *punition* à à une idée de *réaction* étant établie, nous allons étudier séparément et théoriquement les diverses réactions qui naissent du crime chez les personnes qui les exercent. Auparavant, il faut noter qu'il n'existe plus, d'après le *processus* que nous venons de décrire, de différence nettement tranchée entre le point de vue de la culpabilité et le point de vue utilitaire, au moins socialement, contrairement à ce que l'on enseigne d'habitude, et que ces trois droits ou ces trois faits : *légitime défense, vengeance* et *sécurité* pour l'avenir ne sont que *trois phases successives* de la *réaction* de la part de la victime. Quant à l'*expiation* proprement dite, c'est une idée spéciale et différente qui tient à l'intervention à un certain moment de la religion dans le droit pénal.

Les réactions que nous avons à parcourir sont les suivantes :

1º Réaction *pénale* de la *victime* et des membres de sa famille, de son clan ou de sa nation contre le *coupable* ou son clan ;

2º Réaction d'une *collectivité* lésée contre une *autre collectivité,* auteur de la lésion ;

3º Réaction d'un *membre d'une collectivité* contre la *collectivité* dont il est membre ;

4º Réaction d'une *collectivité* contre un *de ses membres ;*

5° Réaction de *tous les membres* d'une collectivité contre le *coupable* qui en est membre ;

6° Réaction d'une *collectivité indirectement lésée* contre un de ses membres ;

7° Réaction d'une collectivité *substituée à l'individu* contre un de ses membres ;

8° Réaction de la *divinité* réputée directement ou indirectement lésée contre le coupable.

1° *Réaction pénale de la victime et des siens.*

a) *Réaction personnelle.*

Pendant longtemps, la réaction n'eut lieu que de la part de la victime et non de celle de la société, et par conséquent, le *délit* n'était qu'un *délit privé;* cependant on a prétendu le contraire, en distinguant la *justice externe* de la *justice interne.* Cette dernière aurait été indépendante de la réaction consistant en une vengeance et aurait pris naissance directement dans l'idée de *justice distributive :* on invoque à l'appui la *justice familiale* dans laquelle le père a le droit de vie et de mort sur sa femme, ses enfants, ses esclaves, droit qu'il n'exerçait pas, au moins d'abord, arbitrairement, mais avec un caractère de discipline. Il y a de nombreux indices du contraire. Sans doute, le père de famille a bien exercé cette juridiction ; sans doute, presque dès l'origine, la société s'est réservé la punition de certains crimes, mais ce ne fut pas d'abord en vertu d'un *principe distinct ;* c'est comme indirectement lésée qu'elle a puni alors, sans que la composition pécuniaire convenue par l'individu lésé ait pu l'arrêter. Ce n'est jamais que par le mécanisme *de la réaction* que son droit pénal s'est produit. Seulement la sphère de ce droit s'est agrandie peu à peu et celle du droit de la personne lésée a diminué, par le fait seul de la prépondérance successivement acquise de la société sur l'individu.

Nous avons indiqué les *trois phases de la réaction* de la victime contre le coupable. Celle de la légitime défense est très simple. Celle de la vengeance l'est beaucoup moins, et cette vengeance dont le nom est assez incomplet a subi historiquement plusieurs phases d'évolution qu'il importe d'exposer brièvement.

Toute d'abord la *réaction de vengeance* a consisté à *reprendre* à l'adversaire
l'*avantage* qu'il avait remporté et même à reprendre davantage. Comme nous l'avons dit, la reprise a lieu, suivant les cas, sur sa personne
ou sur ses biens. Celle sur ses biens s'accomplit soit par la restitution
à soi même de l'objet dérobé, soit par le prélèvement d'un objet d'égale
valeur sur le patrimoine du coupable. Mais une telle réaction est incomplète, quoi qu'elle soit rigoureusement égale à l'action. Sans doute,
la fortune de la victime a recouvré ce qu'elle avait perdu, mais au
prix de quelles dépenses et de quels troubles ! Il a d'ailleurs fallu
s'aider de parents qui sont venus au nom de la solidarité familiale, et
il serait juste de les indemniser. Mais avec quoi? Ce ne sera pas au
moyen de ce qu'on a recouvré, car on serait ainsi constitué en perte
définitive. On a donc le droit, même la nécessité, de reprendre plus
que le coupable n'avait pris. Le sauvage fera une razzia complète
chez le criminel, chez l'ennemi ; l'homme civilisé ne pourra agir de
la même façon envers le coupable de la même nation, mais il devra
avoir un boni. De là, les actions *civiles-pénales* du droit romain où en
cas de vol ou autres dommages on obtenait le double, le triple, même
le quadruple. L'auteur ne doit pas, d'autre part, seulement restituer,
il est juste qu'il perde au crime ; autrement rien ne le retiendrait de le
commettre, s'il en était quitte pour reperdre seulement ce qu'il avait
gagné.

S'il s'agit d'une lésion faite non au patrimoine, mais à la personne
dans sa santé ou son honneur, l'avantage obtenu par le coupable est
celui d'avoir enlevé un membre à son ennemi ou de l'avoir déshonoré ;
or il est impossible de restituer le membre et souvent difficile de restituer l'honneur ; mais il est possible de retirer au coupable la supé-
riorité illégitimement acquise d'une santé plus parfaite et d'un honneur intact. Comment? en lui faisant subir la *même lésion corporelle*, la
même *douleur*, la même *mutilation* qu'on a subie soi-même. Mais est-ce
suffisant de se borner ainsi? Est-ce même possible? Comment en cas
de blessure mesurer exactement celle qu'on va rendre? Si l'on n'est pas
au delà, on reste en deçà et la justice n'est pas *plénière*; d'ailleurs, *un
excédent est légitime*. On rendra donc ainsi au double, au triple, au
quadruple, à peu près, et alors la restitution de l'état antérieur sera
opérée, autant que possible, par équivalent, au moins, avec un boni.
Il n'y a pas vengeance à proprement parler, c'est-à-dire, *satisfaction*
de la colère *subjective*, mais *restitution*, égalisation *objective*, ce qui est
différent ; en d'autres termes, réaction dépassant un peu l'action, pour
obtenir un *équilibre nouveau*. Il n'y a point là non plus d'expiation pro-

prement dite, puisqu'il s'agit d'une mesure prise exclusivement dans l'intérêt de la victime et non dans l'intérêt abstrait de la morale.

Cependant on ne s'est pas toujours arrêté à cette idée que la réaction devait naturellement dépasser l'action, et au contraire, chez certains peuples, on a *mesuré exactement* l'une sur l'autre, surtout quand il s'agissait de violence, de là le *talion*. C'est une institution fort curieuse à étudier, d'autant plus qu'elle existe chez presque tous les peuples à l'origine et s'est conservée chez plusieurs. Il consiste, comme on sait, à faire subir au coupable un dommage de la même *qualité* et de la même *quantité* que celui que l'on a souffert ; le *talion qualitatif* est général ; le *talion quantitatif* ne se rencontre pas partout, c'est le plus *caractéristique*. Quelquefois il est purement quantitatif, quand il s'agit de dommages aux biens, on rencontre souvent la restitution au double et au triple, mais il est qualitatif et parfois quantitatif quand il s'agit de peines corporelles.

Il est utile de passer en revue rapidement le talion chez différents peuples, quoi qu'il soit très connu, pour en dégager les principes essentiels. Ce qui est remarquable, c'est qu'il règne autant chez les civilisés que chez les non-civilisés, et que même quelquefois il ne tient pas au défaut d'organisation sociale pénale, mais subsiste, après que la société a pris en mains la poursuite et le jugement ; il se reporte alors sur l'exécution laissée entre les mains de la personne lésée.

C'est surtout chez les Sémites et les races congénères que le talion a acquis et conservé son développement, et qu'il exprime bien la réaction égale à l'action ; on peut l'observer chez les Arabes, les Hébreux, les Berbères. C'est chez les premiers qu'il a une précision mathématique. Il faut noter que le talion n'est pas toujours possible ; il ne l'est jamais pour certains ordres de crime, il a alors des *substitutifs* très curieux, qui nous conduisent à une autre sorte de talion, le *talion subjectif*, qui vient combler les lacunes du talion *normal* ou *objectif*.

Chez les Arabes, la formule du talion est celle-ci, très connue : œil pour œil, dent pour dent, nez pour nez, oreille pour oreille, âme pour âme ; et le Koran y ajoute cette autre : un homme libre pour un homme libre, un esclave pour un esclave, une femme pour une femme. Mais on a le droit de pardonner et le pardon met fin au talion. Le droit appartient à la victime, et, si elle est morte, aux parents mâles directs à l'exclusion de l'aïeul, des frères, des neveux, du mari ; à défaut, il passe à l'État. lequel n'a pas le droit de pardonner. Le pardon, lorsqu'il a lieu, peut être donné moyennant une composition. S'il y a des parents du même degré, celui de l'un d'eux suffit ; le droit à la composition se transmet par héritage, mais non le droit au talion proprement dit. Si la peine prononcée est la mort, le gouvernement livre le coupable à la victime pour l'exécution, il exécute lui-même les autres peines. Non seulement la mort répond à la mort, mais le *genre de mort* doit répondre au genre de mort, la noyade, la lapidation, la bastonnade, etc. ; c'est ce qu'on appelle le supplice *expressif*, degré plus parfait du talion. L'expressivité n'était plus possible lorsqu'elle aurait été immorale, on ne pouvait faire mourir par l'ivresse ou la magie. Le pardon ou la composition pécuniaire, quand il s'agit d'un meurtre, fait noter d'infamie, car la vengeance est un devoir ; cette obligation pèse sur toute la famille, et entre les deux familles aucun mariage n'est plus possible. Seule la mort résultant d'un duel n'ouvre pas la vendetta.

Cependant le Koran a adouci le talion en matière de meurtre ; il distingue le meurtre involontaire et le meurtre volontaire, et admet la composition pécuniaire appelé *dych ;* dans le premier cas, c'est le prix du sang, il est fixé suivant les cas à cent ou deux cents chameaux ; dans le second cas, le talion est maintenu ; il n'atteint pas les personnes indignes, c'est ce qui a lieu chez nous pour le duel ; mais dans ce cas et dans celui du pardon, le meurtrier n'échappe pas à une certaine peine, il est condamné à recevoir cent coups de courroie et à une année d'emprisonnement ; on voit poindre le crime social à côté du crime privé.

Le talion en cas de blessure est plus intéressant encore, en ce qui concerne son étendue ; on doit le proportionner exactement, on mesure la longueur, la largeur et la profondeur de la lésion pour en produire une identique, mais si la dimension d'un membre du coupable est moindre que celle du membre correspondant de la victime, il est défendu d'empiéter. Il faut même, autant que possible, un degré égal de santé dans les deux membres, un œil d'aveugle ne peut compenser un œil sain. On ne peut faire compensation entre deux membres différents, par exemple, entre l'index de l'un et l'annulaire de l'autre, et l'on ne pourrait dire : un doigt égale un doigt. Si la blessure a fait perdre à un organe sa fonction, on se contente de faire la blessure ; si celle-ci entraîne la perte de la fonction même, le talion aura été complet ; dans le cas contraire, on paie le prix du sang, le *dich*, mais seulement pour la *différence*. Si l'application du talion doit entrainer la mort, elle n'a plus lieu, et est remplacée par le paiement de l'indemnité.

Comment appliquer le talion quand il s'agit d'injures ? Cela est impossible. Cependant il n'est pas nécessairement remplacé par la composition forcée. La peine est la bastonnade ou le fouet, les coups de courroie. D'ailleurs, le Koran ne mentionne pas ce délit.

Pour le vol, le talion n'est possible que si le coupable est solvable; il consiste alors à reprendre l'objet volé. Mais autrement comment l'exercer? C'est alors que nous voyons apparaître un genre nouveau, ce que l'on appelle une *peine expressive*, ce que nous appellerons le *talion subjectif*. Le talion ordinaire ou objectif consiste à priver le coupable des avantages que le crime lui a procurés sur la victime, en lui faisant subir la même douleur ou la même perte. Le talion *subjectif* atteint le criminel dans l'*instrument de son crime*, dans le membre qui lui a servi à l'accomplir; nous verrons plus loin les deux points de vue se réunir. Or, quel est le membre qui a servi au voleur à commettre son délit? La main. On le mutilera en lui retranchant cette main; avant Mahomet, cette idée n'était pas venue, on ne trouvait pas de talion subjectif, il fallait se résoudre à tuer le voleur. On doit n'amputer qu'une seule main, la droite, si c'est possible; à défaut de main droite, on ampute la gauche, à défaut le pied gauche, puis le pied droit; si le voleur ne possède aucun de ces membres, il faut bien recourir à la transportation et à la prison. Le brigandage est puni par l'amputation *croisée*, de la main droite et du pied gauche. Ces mutilations ont en même temps pour but de mettre le coupable dans l'impossibilité de commettre le même délit; le voleur privé de la main droite sera fort empêché pour l'exécution d'un autre vol.

Le talion devient encore plus impossible quand il s'agit d'un crime contre les mœurs, car il constituerait un crime nouveau. Cependant chez des non-civilisés, cette considération n'avait pas arrêté; le mari peut tuer la femme adultère, le père et le frère de la femme ont le même droit; chez les Turcs, elle est lapidée. En somme, le talion est ici en défaut.

L'application exacte du talion exige toute une procédure, surtout quand il s'agit du talion pour blessure; dans ce cas, elle est confiée à un médecin; si l'exécuteur dépasse les limites avec intention, il doit subir une blessure égale à l'excédent.

La composition, quand elle remplace le talion, est soumise à un tarif légal; ce tarif diffère suivant la dignité de la personne offensée; elle est moindre pour une femme, un esclave, un sujet tributaire.

Cependant le talion n'est pas la seule peine, même quand il n'est pas impossible. On voit se former à côté toute une législation pénale.

Quel talion serait d'ailleurs possible, quand un particulier n'est pas lésé? En outre, la composition pécuniaire n'enlève pas tout ce que le crime a de dangereux pour la société; une peine sociale commence donc à se *juxtaposer*, nous n'avons pas à nous en occuper ici.

Le système des Hébreux était analogue. La règle du talion s'y applique même aux animaux; cela est important, parce que cela décèle le caractère de *réaction* de la peine; un bœuf homicide doit être lapidé. Le talion atteint même la personne que nous dirions maintenant civilement responsable; le maître d'un taureau homicide et pour ce motif condamné à mort, doit y être lui-même condamné, s'il connaissait le caractère vicieux de l'animal, et si l'on admet pour lui la composition pécuniaire, le montant de cette composition est à la discrétion de l'offensé. C'est le plus proche parent qui a le droit et l'obligation de la vengeance, le vengeur poursuit et met à mort sans qu'il soit intervenu aucune condamnation; il en est ainsi, même contre le meurtrier involontaire. Plus tard, la législation s'adoucit pour ce dernier, on exige un jugement, et on crée pour lui des villes de refuge. On distinguait avec soin le meurtre intentionnel et le meurtre involontaire; pour le premier, la composition n'était pas admise, ni la faculté d'obtenir jugement; l'autre pouvait se faire juger par l'assemblée du peuple, s'il était absous, il devait retourner dans l'asile et y passer le reste de sa vie.

Le talion existait aussi pour les blessures, mais n'était pas soumis à la même mesure rigoureuse que chez les Arabes, et la composition pécuniaire devint générale pour elles.

Pour le vol, le talion consiste dans la composition, en cas d'insolvabilité, il s'exécute, autant que possible, mais d'une manière très nette, puisque le coupable est vendu comme esclave. En cas de restitution, il faut payer un cinquième en sus; pour le vol de bestiaux, on doit restituer au double.

Les crimes contre les mœurs ne peuvent entraîner le talion et sont punis de lapidation.

Chez les Berbères, le talion est aussi en pleine vigueur, mais les compositions pécuniaires sont plus facilement admises; d'autre part, à côté de la réaction venant de la victime apparaît celle provenant de la société, il y a souvent concours entre les deux. Ce qui est très curieux, c'est que, si l'on ne peut composer pour le tout, on subit le supplice pour une partie seulement. Le voleur insolvable paie par la réduction en servitude, ce qui est un talion très effectif. Le talion est, chez certaines tribus, scrupuleusement exact; chez d'autres seulement *ap-*

proximatif, la *réaction peut dépasser l'action*. En cas de meurtre, la composition pécuniaire et la poursuite sont obligatoires. Tous les membres de la famille en ont le devoir, mais ils peuvent choisir leur vengeur parmi eux et leur victime parmi les membres de la famille du coupable; on peut même *louer* un étranger. C'est quelquefois la famille du coupable qui l'exécute elle-même. La dette du sang, appelée *rekba*, existe, même en cas de meurtre involontaire. Pour les crimes autres que le meurtre, c'est la composition pécuniaire qui l'emporte définitivement; elle est tarifée d'avance; ce qui est singulier, c'est que chaque degré d'exécution a un tarif spécial : telle amende pour être sorti armé de chez soi, telle autre pour avoir provoqué l'adversaire, telle autre pour l'avoir mis en joue. L'idée du talion reparaît, mais d'une façon particulière, comme excuse de certains faits qui seraient sans cela réputés crimes; par exemple, la castration est excusable quand il y a eu viol, adultère ou attentat à la pudeur; c'est alors un talion subjectif; nous en trouvons des traces dans notre droit, qui excuse la castration en l'un de ces cas. La loi berbère permet même au mari de se venger en phallotomisant l'amant de sa femme. Il peut aussi, à titre de talion, cautériser les parties génitales de celle-ci.

Chez les Aryens de l'Inde, le talion est moins général, mais il a des applications très particulières; les compositions pécuniaires sont facilement admises, et fixées en bétail. Pour les blessures, il n'existe pas, ni pour les autres délits. Il se rencontre, au contraire, quand il s'agit de crime contre les mœurs, là où on le croirait le moins applicable. Il s'agit, le plus souvent d'ailleurs, de talion subjectif, dont l'application, en effet, n'entraîne pas d'acte d'immoralité. Par exemple, le complice de l'adultère de la femme doit être brûlé sur un lit de fer chauffé au rouge; le novice brahmanique coupable de ce crime envers un maître spirituel, devra être épargné en raison de sa dignité, mais on lui imprime sur le front un stigmate représentant les organes génitaux de la femme. En cas de viol par un kchatria d'une femme de sa caste, il est phallotomisé, puis promené sur un âne autour de la ville. L'homme qui avec le doigt blesse une fille vierge, subira l'amputation du doigt. En cas de vol, les lois de Manou ordonnent l'amputation du membre qui a servi à commettre le délit, en général de la main, cependant il faut qu'il s'agisse d'un vol d'une certaine importance; au-dessous de 50 francs, on doit seulement restituer la valeur onze fois; au-dessus, le coupable aura la main coupée; pour un premier délit, on se contentera de couper le pouce et l'index; au contraire, pour une première récidive, on amputera un pied et une main. Le voleur nocturne sera mis à mort, mais l'idée du talion subjectif ne sera pas abandonnée entièrement, il aura d'abord les mains tranchées. En matière de vol et même de dette que l'on assimile au vol, le créancier peut faire travailler le débiteur jusqu'à complet remboursement; que si celui-ci vient à périr avant de s'être acquitté ainsi, il renaîtra dans le corps d'un manœuvre ou d'un esclave, et travaillera encore chez son créancier; c'est le *talion métempsychosique.* Le membre dont on s'est servi pour frapper un supérieur doit être mutilé. S'il s'est assis à côté d'un brahmane, un homme de basse classe est marqué aux hanches, ou le roi lui fait balafrer les fesses; s'il crache sur un brahmane, on lui mutile les lèvres supérieures; et s'il urine sur lui, l'urèthre; s'il commet une incongruité abdominale, on lui fait mutiler l'anus; s'il saisit un brahmane, on lui coupe les deux mains. Le soudra qui insulte un brahmane est puni par l'ablation de la langue; s'il le réprimande, on lui verse de l'huile bouillante dans la bouche. Tels sont les *talions subjectifs.*

Un talion d'une espèce toute particulière se rencontre dans le droit Indou primitif, c'est ce que Letourneau appelle le tali n du point d'honneur. Une femme insultée par une autre femme va se casser la tête contre un mur, l'autre est forcée alors de se tuer. Un Indien mortellement outragé broie entre deux pierres la tête d'un de ses enfants, aussitôt l'offenseur poignarde un des siens; si le coupable ne le fait pas, la population détruit ses biens et le maltraite. On ne sait vraiment comment interpréter un tel *processus.* C'est probablement la conversion que fait la victime d'un acte non susceptible de talion en un autre qui en est susceptible; cependant, en outre, il y a exécution volontaire de la part du coupable, mais s'il s'exécute, c'est sans doute parce que sans cela le peuple l'exécuterait.

Nous retrouvons le talion à l'origine chez les autres membres de la grande famille aryenne, il est surtout à étudier chez les Germains et les Slaves; aujourd'hui encore, il est en usage extralégalement au Monténégro, en Corse. D'autre part, les non-civilisés le pratiquent dans toute sa rigueur. Au Japon, avant de se venger, il suffit d'avoir prévenu le bureau de l'instruction criminelle pour être à l'abri de toute peine. En tout pays le talion subjectif n'est pas moins en vigueur que le talion objectif. Chez les Caraïbes, par exemple, on punit le malfaiteur dans le membre même qui a commis le crime, on coupe les mains du voleur.

Nous sommes entré dans quelques détails, parce qu'il s'agit là d'un fait capital qui indique la genèse exacte de la punition. C'est d'abord la *restitution en nature*, ce qui n'est possible, et pas toujours, que pour le cas de *vol avec* un boni; à défaut, la réaction consiste à *obtenir un avantage égal* à celui qu'on a perdu, de là le talion, ou même *supérieur* quand il s'agit d'une somme d'argent, d'où les actions au double, au triple, au décuple; ce talion, même par équivalence, est quelquefois impossible, alors on le remplace par un autre, le talion *subjectif*, consistant à punir le criminel par où il a péché, dans ce même cas on mutilera l'organe qui lui a servi à commettre ce délit; enfin si le *dommage n'est pas fongible*, on peut employer un autre moyen, c'est de le convertir d'abord soi-même en crime fongible, c'est ce cas très curieux que nous venons d'observer dans l'Inde. Au fond, le principe est toujours le même : une restitution, tantôt *complète*, c'est-à-dire parvenant à profiter à la victime en même temps qu'elle nuit au coupable, tantôt incomplète, ne pouvant que nuire à celui-ci, et compenser le mal par le mal.

Cette vengeance privée est mal nommée ainsi, si on attache à ce mot une idée de *colère*; la colère peut fort bien exister, mais elle peut être absente; il y a simplement essai d'obtenir restitution le plus possible, mais restitution en nature, non en argent. Souvent tout pardon est interdit, soit gratuit, soit intéressé. D'abord même le talion est obligatoire; il n'est pas permis d'y renoncer; surtout s'il s'agit de meurtre; l'homicidé a droit contre ses descendants à la vengeance; celui qui ne le venge pas est noté d'infamie, et même dans quelques législations, il doit subir lui-même la peine attachée à l'homicide, ce n'est que plus tard que le talion peut être omis, et qu'il est loisible de pardonner; comme nous l'avons observé déjà, il ne met pas toujours fin à la guerre privée. Le meurtre commis pour venger un meurtre doit être vengé à son tour.

Le talion peut être arrêté par la composition pécuniaire. Le chiffre en est d'abord laissé au gré de chaque personne, puis la société en établit le tarif. Elle commence par être facultative, puis devient obligatoire; on est obligé de pardonner. *Ainsi réduit, le droit de vengeance n'est plus qu'une action civile; l'action publique a passé à la société.* Certains droits se sont particulièrement occupés de la composition pécuniaire, ce sont les lois germaniques, sous le nom de *wehrgeld* ou *faïda* dont une partie est dévolue à l'État sous le nom de *fredum*. Suivant la loi salique, on a l'option d'exercer la vengeance privée en prévenant d'abord le magistrat ou de traduire en justice pour obtenir la composition qui s'évalue en sous d'or, revenant au cas de mort, moitié aux parents paternels et maternels, moitié au fils, et en cas de déshérence, au fisc. Pour chaque meurtre, il y a un tarif spécial et ce tarif varie encore suivant la dignité de la personne offensée. Mais le meurtre doit être avoué, sans quoi il devient un assassinat et est alors puni par la société elle-même. Dans les lois scandinaves, le droit de vengeance privée ne dure que 24 heures : après ce délai, il devient punissable. Ce point est très curieux, c'est la transition entre la légitime défense et le talion, deux *stades successifs de la même réaction*. La même tarification s'étend aux blessures et injures, on distingue la blessure simple, celle à la tête avec issue d'os ou avec le cerveau mis à nu, la plaie pénétrante entre les côtes, la section du pouce, celle du second doigt, celle de trois doigts ensemble, l'extraction d'un œil, la castration ; quelquefois le talion est exceptionnellement maintenu, comme dans les lois de Magnus pour les coups de couteau ; on doit même alors se servir du couteau qui avait été employé par le coupable. Le vol lui-même tombe sous la composition pécuniaire, mais sans exclure le talion subjectif. Il en est de même des crimes contre les mœurs dont la tarification est établie d'une manière très singulière, les Germains se montrent là des gens très pratiques, cependant le talion subjectif reparaît parfois : d'après la loi des Wisigoths, les actes contre nature sont punis par la castration.

Tel est l'*aboutissement dernier* et la *transformation* du droit de restitution, *seconde phase de la réaction pénale individuelle*.

La *troisième phase* consiste dans l'*élimination perpétuelle ou temporaire du criminel*. A l'origine, elle s'est faite de la même manière et au même moment que la *restitution*. La victime qui avait le coupable en son pouvoir ne se contentait pas, lorsque l'agression avait été grave, d'infliger le talion, il tuait son adversaire.

Mais il en fut bientôt empêché, et le talion mit une limite à son droit. Comment pouvait-il donc se garantir pour l'avenir ? Certains talions subjectifs pouvaient obtenir ce résultat, par exemple, quand on a coupé les deux mains au voleur, il ne pouvait plus voler ; lorsqu'on infligeait la castration ou la phallotomie à l'impudique, il ne pouvait plus attenter aux mœurs ; lorsqu'on coupait la langue au diffamateur, il ne pouvait plus diffamer. C'est même là l'origine de ce talion subjectif, qui sans cela serait purement *symbolique*. C'était l'*intimidation énergique* exercée pour l'avenir.

Il faut insister sur cette idée qui est la seule interprétation vraie du *talion symbolique* que nous avons décrit plus haut pour ne pas trop diviser le sujet. Le mot talion employé est même impropre. Il y a là une *mesure d'élimination matérielle et partielle* qui a le but et le résultat de mettre hors d'état de nuire quant au crime spécifique. On suppose que le coupable n'a de penchant que vers le genre de crime qu'il a commis et qu'il n'est pas dangereux par ailleurs ; on le met dans l'impuissance de commettre un crime pareil. Quoi de plus topique dâns ce sens que la castration ou la phallotomie ? C'est une sorte de *localisation pénale.*

On pouvait ne pas en venir à ces mesures extrêmes, et par exemple, convenir avec le coupable qu'il ne reparaîtra pas dans le pays pendant un temps très long ou pour toujours, c'est l'exil. Sans doute, le coupable peut enfreindre ce ban, mais il a juré et le serment a une grande puissance. Il peut aussi entrer dans un couvent, ce qui revient au même, ou passer toute sa vie, au moins jusqu'à la mort de la victime, dans une ville de refuge, comme chez les Hébreux. Le troisième point de la réaction pénale se trouve accompli. Au besoin, la société intercédera pour faire observer ces conditions. Il est très remarquable que chez les Juifs, le meurtrier involontaire est à l'abri de la mort, tant qu'il demeure dans une ville de refuge, mais que dès qu'il en sort, la victime a le droit de le tuer.

Il est intéressant d'ajouter quelques autres exemples de ce talion à ceux que nous avons déjà cités. En Abyssinie, en cas d'injure grave, on arrache la langue au coupable. Chez les Germains et en Hongrie, on lui coupait la main droite qu'il avait levée lors de la prestation du serment. D'après un édit du roi Edgar en Angleterre, on tranchait la langue au calomniateur ; en Égypte, la même peine atteignait celui qui avait révélé un secret d'État, et on faisait subir l'amputation des deux mains aux falsificateurs des poids et mesures et aux fabricateurs de fausse monnaie. Dans le Code des Wisigoths, la pédérastie était punie de la castration ; quant au voleur, on le privait tantôt de la vue, tantôt des deux mains. Au Kamtchatka, on attache le voleur à un poteau et on lui brûle l'extrémité des deux mains avec des tisons de branches de bouleau, les mains restent toujours recourbées, il ne peut plus voler, car par la forme de ses mains le public est prévenu. Cela ouvre une idée nouvelle, la publicité qui peut résulter de certaines mutilations, et qui rend à ce nouveau titre incapable de nuire. L'excision des mains pour le voleur se rencontre presque partout : au Tonkin, en Malaisie, en Birmanie, en Hongrie, en Allemagne au moyen-âge ; la cécité est employée en Serbie, chez les Chibchas d'Amérique, au moyen-âge en Italie où l'on trouve à la fois les deux. Dans l'île de Fata, on suspend les mâchoires de l'homme qui a mal parlé de son chef sur le toit de sa maison. Chez les Anglo-Saxons on tranchait la main au faux-monnayeur et on la clouait sur la porte de son atelier (1) C'est cette idée d'empêcher un nouveau délit semblable qui cause en droit français la confiscation des objets qui ont servi à le commettre, mais une telle disposition n'a plus guère d'effet réel, et peut être considérée comme simplement symbolique.

La publicité donnée au délit est aussi un moyen du même genre d'empêcher la répétition de l'acte, car le public va être en garde désormais. Nous avions dans ce but en notre code pénal l'exposition du criminel qui a été supprimée. Le casier judiciaire a le même effet avec sa demi-publicité en fait, quoiqu'il ne soit pas public en droit. Jadis on marquait au fer chaud dans cette intention, on rasait aussi la tête du condamné et on le promenait dans les rues assis sur un âne. Mais ces mesures de publicité ne s'appliquent pas sur la partie du corps qui a délinqué. Il en est autrement des cas auparavant cités qui à la fois créent l'impuissance de nuire pour le membre instrument de délit et la notoriété du genre du délit lorsque le membre mutilé est visible.

Le coupable peut encore arrêter cette fin de réaction en offrant son *repentir*, s'il en prouve la *sincérité*; alors la victime lui remet cette dernière peine; elle se reconcilie même avec lui et chez certains peuples cet heureux événement est célébré par un festin de réconciliation. Il y a d'autres moyens encore qui éteignent le talion, par exemple. le mariage entre les deux familles qui ont vécu en état d'hostilité, comme chez la tribu des Bein-Amer, les Bogos, les Tcherkesses; on peut comparer dans notre droit le cas du rapt, dont la vengeance s'éteint par le mariage. De même, l'adoption du délinquant, le duel, la demande de pardon qu'on retrouve chez les Fidjiens, chez les Birmans, les Kabyles, les Slaves; la réconciliation proprement dite en Monténégro et en Albanie; le jet d'un javelot en Polynésie.

b) *Réaction de famille à famille.*

Nous devons envisager ici la solidarité pénale au point de vue de la réaction. Comment se fait-il, si la vengeance est individuelle et tout à fait privée, qu'elle ait une *expansion* à *l'actif* et au *passif*, c'est-à-dire, qu'elle passe à tous les membres de la famille de la victime contre

---

(1) Voir Makarevitch : *Évolution de la peine,* auquel nous empruntons ces détails.

tous ceux de la famille du coupable? La solidarité est un mot,
n'est qu'un mot dès qu'on ne lui trouve pas une base. La même question peut être posée à propos de l'*hérédité*, soit *active*, soit *passive*.
Comment l'enfant de la victime pourra-t-il exiger la peine? Comment
le pourra-t-il contre l'enfant du coupable?

En ce qui concerne l'hérédité, la réponse est plus facile. Dans l'idée
des peuples primitifs le *mérite* et le *démérite* se transmettent N'en est-il
pas de même des maladies et des vices? Le crime a entaché la personne qui transmet la tache avec sa semence. Mais le principe ne se
comprend plus *si le crime est postérieur à la génération*. Il en est de
même de la responsabilité collatérale. L'explication ne semble pas
plus facile du côté actif que du côté passif.

Du côté actif cependant, il est certain que quand un membre de la
famille, le chef surtout, est offensé *directement*, tous les autres le sont
indirectement, et nous admettons encore ce principe aujourd'hui quand
il s'agit d'une atteinte à l'honneur. Le mari venge sa femme, le père
son enfant, l'enfant son père. Il suffit de généraliser cette idée. On
souffre, moralement tout au moins, du tort fait à notre père, à notre
frère; matériellement c'est un secours éventuel dont on a été privé,
moralement une affection. A ce motif théorique ou actuel, il s'en joint
un pratique. Lorsque la Société n'est pas constituée et qu'il s'agit d'un
coupable d'un autre tribu, il est impossible à l'individu *isolé* de se venger,
il lui faut le *secours* de ses parents, sauf à leur rendre pareil service.
D'ailleurs les *biens* sont souvent *en commun* dans la famille, le *travail*
aussi, et en cas d'homicide, c'est une perte matérielle qu'on souffre;
en cas de blessures, il faudra entretenir le blessé pendant le *chômage*.

La solidarité *passive* est plus difficile à justifier. Je puis bien exercer
le talion contre le coupable, mais de quel droit l'exercerai-je, surtout
quand il s'agit de mort ou de peines corporelles, contre son père ou
son frère? C'est cependant la formule; on choisit une victime quel-
conque, et celle-ci mise à mort, le coupable n'a plus rien à craindre.
Cependant la genèse *de cette extension* est toute mécanique. J'essaie de
me venger et je vais trouver le coupable chez sa famille ou sa tribu,
il ne va pas apparaître et se défendre seul; sa famille le cachera
ou viendra le secourir. Il le faudra bien, car je ne suis pas seul non plus,
toute ma famille m'accompagne. Dès lors, une haine naîtra entre
les deux familles; il y aura des meurtres de part et d'autre, et à la
suite, une *solidarité forcée*. La *haine se transmettra* aux enfants, ils auront
déjà combattu avant la mort du coupable. Il n'y a donc point dans la
solidarité un fait mystérieux. C'est celle qui relie dans notre droit

deux coupables du même crime ou délit qui ont agi ensemble, c'est que c'est presque toujours ensemble aussi que les membres de la famille auront agi pendant ou après le crime.

Cette solidarité familiale est si répandue et si connue dans ses détails, qu'il serait sans intérêt de la décrire davantage. Elle marque une *étape vers l'intervention de la société*, au moins, des citoyens *ut singuli*, dans la répression des délits.

2° *Réaction d'une collectivité lésée dans l'un de ses membres contre une autre collectivité, auteur de la lésion.*

Il existe des *crimes collectifs* et, ces crimes dont l'observation est très curieuse formeraient l'objet intéressant d'une étude spéciale. Ceux de tribus à tribus, de nations à nations sont très fréquents. Il s'agit de la *guerre primitive*, celle faite dans un *but de déprédation*, qu'aucun avertissement ne précède et où l'on cherche à surprendre. On peut en rapprocher, dans nos pays, l'armement en course, l'organisation des corps francs et l'ancienne piraterie. Le sauvage d'une tribu se précipitait sur le campement d'une autre tribu, tuait les hommes, enlevait les enfants et les femmes. Chez les civilisés, la guerre a, au moins, un prétexte de justice, mais pas toujours; ne voyons-nous pas actuellement un pays civilisé se précipiter, sans l'ombre d'un motif plausible, sur un petit pays inoffensif, civilisé aussi, contre lequel on ne peut invoquer même le prétendu droit anthropologique des races supérieures, et cela, dans l'intention évidente de s'emparer de ses richesses métalliques. Le mot de guerre est un euphémisme quand il s'agit de celles-là; ce sont réellement des crimes collectifs de nation à nation. Telles sont les razzia. D'autres guerres ont été faites dans le seul but d'assouvir le goût sanguinaire. Il y en a donc qui correspondent au vol, d'autres aux coups et blessures; certaines guerres primitives étaient entreprises pour se procurer des femmes, c'était un autre genre de crime de nation à nation.

Au contraire, la nation attaquée a tous les droits d'un individu; elle a d'abord celui de légitime défense, puis, lorsqu'elle a repoussé l'ennemi, celui du talion, car elle a toujours subi des pertes, sans compter le *danger*. Elle passera donc de la *défensive à l'offensive*, envahira *à son tour* le territoire ennemi, agira par *rétorsion*, obtiendra la restitution de ce qu'elle a perdu avec un boni, tuera ou fera des prisonniers; la réaction égalera ou dépassera l'action; ce sera le *talion de la guerre* qui pourra aller jusqu'au *massacre général*. Ce n'est pas tout, il faut mettre la nation coupable hors d'état de nuire. Le plus simple moyen est de la détruire comme nation et on y parviendra en massacrant une partie de ses membres et en réduisant les autres en esclavage, c'est le procédé le plus ancien; quelquefois on se contentera de s'emparer du sol, d'en faire la conquête; dans tous ces cas, l'unité de la nation est détruite, celle-ci est juridiquement éliminée. Mais la nation criminelle peut demander pardon, se soumettre, enlever tout intérêt à son éliminateur, et au contraire, en créer un à sa conservation en payant un tribut. C'est exactement ce qui est arrivé pour le coupable individuel vaincu, quand il apaise son vainqueur.

La situation est donc identique. Mais une *différence essentielle* subsiste. Dans les rapports entre *individus*, la *réaction individuelle* a disparu en grande partie pour faire place à la *réaction sociale*, tandisqu'entre *nations* la réaction *individuelle existe seule encore*, la réaction *internationale* ne l'a pas encore rendue inutile; la barbarie subsiste entre nations.

Il en est de la guerre civile comme de la guerre étrangère; la nation unique s'est alors scindée en deux dont chacune forme une nation distincte.

Nous venons de décrire *deux réactions pénales* qui forment l'ensemble de la *justice externe* et qui reposent sur l'idée de *vengeance*. Comment faut-il apprécier le principe même de cette vengeance? Aujourd'hui on la considère comme un stade transitoire, imparfait, devenu illégitime. Chose singulière! A l'origine ce n'était pas seulement un *droit*, mais un *devoir*, même quand il s'agissait de se venger d'un *tort personnel*; maintenant ce ne serait même pas un droit. Examinons donc les *trois étapes* que la réaction individuelle a parcourues : le *simple fait*, le *droit*, le *devoir*, Remarquons pourtant que ce mot *droit* a donné lieu, en cette matière comme en bien d'autres, à de graves erreurs de point de vue.

Les *phénomènes* sociaux, même les plus fréquents et les mieux coordonnés, sont bien plutôt des *forces*, or, toutes les forces sont nécessaires et irréductibles, mais ne sont rien de plus qu'elles-mêmes; c'est ensuite par *subjectivité* et par *abstraction* qu'on a parlé de droit et de devoir là où il s'agit du jeu des forces sociales.

Il est certain que *tout d'abord* il n'y a eu ni droit ni obligation, mais *simple fait*. L'action peut être plus ou moins volontaire, mais la *réaction est automatique*. Je suis frappé, je frappe, sans y penser. Dans la légitime défense, personne ne réfléchit, on ne réfléchit pas davantage dans la vengeance immédiate. Mais, comme l'*habitude* est constante, celle-ci, ainsi que toutes les autres, se convertit à la fois en obligation et en droit. D'ailleurs, si je ne réponds pas au coup, je serai frappé de nouveau, de là mon *droit*; si je ne réponds pas, je deviens inférieur et méprisé, et cette infériorité retombe sur tous les miens, de là mon *devoir*. En outre, tous les peuples primitifs sont guerriers, et le *courage* est une vertu essentielle. Aussi celui qui ne se venge pas est partout *noté d'infamie*; chez les Peaux-Rouges, il est flétri comme un lâche et mis au ban de la tribu. Cette réprobation est presque universelle. La loi des Francs prononce la confiscation du patrimoine contre les enfants qui négligent de poursuivre le meurtrier de leur père. Ailleurs, celui qui ne poursuit pas doit subir lui-même la peine de l'homicide. Les Caraïbes expulsent du clan comme poltron celui qui diffère la vengeance. Au Monténégro, le délai d'une année est accordé pour venger un parent ou un ami, passé lequel on est noté d'infamie. Chez les Grecs, les ombres des parents assassinés envoient les Furies tourmenter le fils oublieux. Il y a là un devoir non seulement *social*, mais *religieux*. Qui ne se rappelle le combat intérieur d'Hamlet, qui doit venger la mort de son père et qui cependant ne voudrait pas commettre le crime nouveau qui seul réalisera cette vengeance? Aujourd'hui encore, l'homme qui reçoit un coup sans y répondre est flétri par l'opinion publique, et le duel mondain est le résultat de cette idée; il en est de même du mari trompé qui ne se venge pas de l'adultère. L'idée de cette obligation est donc bien tenace; elle a traversé toutes les civilisations.

Cependant cette obligation, au point de vue juridique, disparaît assez tôt; tout au moins, on permet d'accepter la composition pécuniaire; mais longtemps le *droit survit à l'obligation*. Lorsque la personne lésée ne se venge plus par elle-même ou par ses parents, et que le droit de poursuite et de condamnation a passé à la société, elle conserve, au moins, le *droit d'exécution*: cet office de bourreau ne lui déplaît pas, il lui est très agréable. Même quelquefois ce rôle est obligatoire pour la victime. C'est ainsi qu'en Pologne celui qui avait été victime d'un vol devait pendre lui-même le voleur, et, au cas où il s'y refusait, il pouvait être pendu par ce dernier. En Arabie, on remettait le condamné au *vengeur du sang*; il en est de même en Perse, dans le Béloutchistan, en Abyssinie, à Bornéo, et même, lorsqu'un exécuteur public fut institué, le parent qui se venge eut sur lui la préférence ou lui imposait sa collaboration, enfin son assistance. Dans la Hesse, les trois premiers coups étaient réservés, en cas de viol, à la victime. En Thuringe, en 1470, l'agnat le plus âgé de la famille décapitait le meurtrier. Ailleurs, le volé pendait le voleur. Chez les Hébreux, les parents, les amis, jetaient la première pierre dans la lapidation.

Enfin, la composition pécuniaire devint obligatoire; c'est la dernière transformation, il n'y a plus exécution, mais rachat d'exécution.

La vengeance privée est maintenant chassée du droit positif, mais elle a laissé plusieurs traces importantes qu'il importe de décrire ici, du moins, l'une d'elles.

La première est *l'exercice de l'action publique par la victime*; il ne s'agit pas de l'exercice de l'action civile qui lui appartient dans toutes les législations, notamment dans la nôtre, mais de celui de l'action publique que quelques-unes lui maintiennent. La personne lésée ne peut plus juger sa propre cause, elle ne doit plus exécuter le coupable condamné, mais elle a le droit d'intenter contre lui une poursuite pénale et de requérir l'application de la peine. Ce sujet a fait l'objet d'une autre de nos études. Ce droit s'efface de plus en plus, la partie lésée a plutôt, pour certains motifs seulement, celui d'arrêter l'action publique. Quant à son action civile, ce n'est que la compensation pécuniaire rendue obligatoire pour la victime, et par conséquent, l'extinction du droit pénal individuel ou sa transformation en une créance d'argent pure et simple. Nous discuterons plus loin la question de savoir si la société n'est pas devenue *cessionnaire* du droit de vengeance de l'individu, ou si, celui-ci s'étant éteint, elle n'a fait que continuer d'user de son droit propre, devenu le seul droit.

La seconde trace est très importante, mais elle constitue plutôt une *résurrection*. La réaction individuelle pénale, après sa disparition comme institution normale, réapparaît toutes les fois que la réaction sociale fait défaut ou est tout à fait insuffisante. Elle porte alors le nom de *vendetta*. Nous l'avons étudiée dans une monographie spéciale; il faut en retracer ici quelques traits, car c'est une réaction pénale contemporaine très importante. Elle apparaît d'ailleurs sous deux formes, la *vendetta* proprement dite et le *duel*, mais ce dernier a revêtu un caractère spécial. L'un et l'autre, d'ailleurs, ne s'appliquent point à tous les délits, mais se sont cantonnés à quelques-uns d'entre eux. Voici le *processus* général. Lorsque les pays civilisés ont supprimé presque partout la *réaction individuelle* de la personne lésée, pour ne laisser subsister que la *réaction sociale* de la société, ou du moins ont réduit la réaction individuelle à la composition pécuniaire, prenant le nom d'action civile en dommages-intérêts, la société a seule désormais possédé le droit de punir. C'est ce qui a eu lieu particulièrement dans le droit romain, en son dernier état, et dans nos législations contemporaines. Mais une certaine survivance de la réaction individuelle s'est perpétuée et même a eu des moments de reviviscence pour deux causes. La première est le refus de l'*individualisme* de se laisser absorber par le *sociétarisme*, ces deux éléments luttant toujours l'un contre l'autre, et quoique la société tende à prévaloir, l'individu est un *ressort antagoniste* qui ne peut et ne doit pas entièrement disparaître, car la société, maîtresse exclusive, deviendrait oppressive bientôt. Or, la réaction privée est un des phénomènes les plus marqués de l'individualisme; c'est avec regret que nous remettons à un autre le soin de veiller sur nos intérêts, et surtout sur notre honneur. Comment d'ailleurs, si l'on fait partie de l'*élite*, se laisser juger comme le gros de l'humanité? On ne saurait consentir qu'à une *justice sociale spéciale*. La seconde cause est toute différente. La justice sociale est nécessairement *imparfaite*, non seulement dans son application, le juge ne peut connaître personnellement ses justiciables, mais même dans ses habitudes générales et dans ses institutions. A peu près compétente quand il s'agit d'affaires d'intérêts, elle l'est beaucoup moins quand il s'agit de querelles, et beaucoup moins encore quand ces querelles touchent à l'honneur, surtout à l'honneur le plus délicat, à l'honneur sexuel. Ses peines sont mal appropriées, sa procédure blessante pour la victime, et les réactions insuffisantes ou peu topiques; il y a donc des lacunes à combler. La première de ces causes s'applique à toutes les infractions; la seconde à certaines seulement, mais la première, même dans le cours du temps, se limite à celles-ci. Tels sont les motifs de la survivance. En quoi cette survivance consiste-t-elle?

Elle consiste d'abord en la vendetta proprement dite, c'est-à-dire la vengeance privée telle que nous l'avons déjà décrite, mais elle se restreint en ce sens qu'elle ne s'applique plus qu'aux délits qui lèsent corporellement et plus tard même seulement à ceux qui atteignent l'honneur. Dans les pays méridionaux, surtout en Corse, au Monténégro, l'ancienne vengeance privée s'est conservée avec son étendue ancienne. Dans les pays du Nord, au contraire, la vendetta s'est limitée aux délits contre l'honneur et aux délits sexuels, excluant les lésions corporelles. Elle a pris ainsi un caractère nouveau. En outre, en raison de sa concurrence avec le duel, dont nous parlerons tout à l'heure, elle s'est cantonnée aux femmes, les hommes en ayant perdu l'usage ou l'ayant remplacée par le duel. Chez les femmes, au contraire, il n'y a pas eu *survivance* seulement, mais véritable *résurrection* dans la période tout à fait contemporaine.

La vendetta, dans le premier de ces cas, celui de simple survivance, a dû de se maintenir d'abord à un instinct qui nous porte à laisser cachées les lésions faites à notre honneur ou à celui de nos proches, puis à un autre qui nous conduit à nous venger de nos mains, plutôt que par celles indifférentes de la collectivité, mais surtout à la conscience de l'insuffisance de la répression sociale. Il est un fait avéré, c'est que la peine sociale est peu logique dans ce cas ; par exemple, l'injure est réprimée par des dommages-intérêts d'une faible quantité, et qui ne rétablissent point l'honneur lésé, la société prend rarement l'initiative de la poursuite, elle la soutient même mollement. Il en est de même des coups et blessures, à moins qu'ils n'aient causé la mort ou une mutilation ; surtout s'ils sont le résultat d'une rixe, le juge social est tout à fait indulgent, d'abord parce qu'il ignore de quel côté sont les torts réels, puis, parce qu'il estime qu'il y a compensation, enfin parce qu'il ne veut pas irriter davantage. La peine est certainement toujours au-dessous de ce qui est mérité, et cependant combien de démarches, d'enquêtes, de surenquêtes, de comparutions sont nécessaires pour y parvenir ! Combien serait-il plus simple et plus efficace de faire cette affaire soi-même, avec plus de risques de sa personne, mais moins de son honneur ! C'est dans cet *interstice* de la justice sociale que la justice individuelle a survécu. D'ailleurs, la pénalité qu'on applique ainsi soi-même est une victoire ; elle exalte l'individu qui l'a remportée. Ajoutez l'influence climatérique, le soleil du Midi, qui rend l'action réflexe, la réaction automatique, plus prompte.

Dans les pays septentrionaux, cette vivacité spécifique n'existe plus, et en cas de violences contre la personne, lorsqu'elles n'atteignent pas l'honneur, on se contente de la justice sociale ; elle est trop atténuée, même elle présente des lacunes entières. La blessure ne sera compensée que par quelques jours de prison ou par une faible amende ; ce n'est presque rien, mais on s'en satisfait. D'autant plus que si l'adversaire est solvable, on aura une action en dommages-intérêts plus effective. Il n'en est pas de même si l'atteinte est non pas au sang matériel, mais à un sang plus subtil, l'honneur. D'autant plus qu'il n'y a pas alors seulement *insuffisance*, mais *lacune* de la justice sociale, qui ne veut ni ne peut ici tout prévoir. Mais alors pour l'homme la vengeance est suppléée par le duel, qui a l'avantage de ne pas dévoiler les causes de la querelle, de mettre l'adversaire en mesure de se défendre et d'écarter tout soupçon d'assassinat. Mais le duel n'est pas à la portée des femmes. En cas d'atteinte à leur honneur, il faut, ou qu'elles rencontrent un vengeur en l'un de leurs parents, ou qu'elles exercent la vendetta, ou qu'elles subissent en silence. Tant que leur autonomie est faible, elles prennent ce dernier parti. Mais leur autonomie s'est fortement accrue; elles se décident à ne plus se taire, à ne pas non plus se replier sur elles-mêmes en s'éliminant ou en se diminuant par le suicide, l'infanticide ou l'avortement, mais à réagir pénalement par la vendetta. Elles se servent pour cela des moyens qui leur sont appropriés, le vitriol, l'empoisonnement, etc. Elles agissent ainsi régulièrement, presque légalement, car le juge social, lorsqu'il est saisi d'une plainte contre elles, les acquitte. C'est le *crime passionnel*, le *crime privilégié*.

A côté de la vendetta, dans le même droit, le droit individualiste, et à titre aussi de réaction pénale, se place le *duel*. Son caractère cependant est mixte. D'abord s'appliquant à tous les délits et parfaitement admis, même par la justice sociale qui l'emploie sous le nom de duel judiciaire, où son idée confine avec celle de l'*ordalie*, il se cantonne plus tard aux délits et aux autres actes lésant l'honneur, il n'est plus englobé dans la justice sociale, mais cependant continue souvent d'être indirectement approuvé par celle-ci. Dans son premier état, il est un mélange de droit individualiste et de droit sociétariste, c'est une sorte de transaction entre les deux. C'est d'ailleurs la guerre régulière substituée à celle d'irruption soudaine et de déprédation. Sa parenté avec l'ordalie le relie à la réaction divine que nous décrirons bientôt. Il disparaît enfin partout, devant la justice sociale plus développée et dont le point de transition est franchi, et alors on se trouve en face d'un autre duel, le duel extrajudiciaire ou mondain, basé sur le point d'honneur. Il abroge pour certaines classes le droit criminel ordinaire en certaines matières, et forme une juridiction spéciale, celle entre nobles ou assimilés, comme la juridiction de l'Église entre ecclésiastiques. D'ailleurs, il comble les lacunes de la justice sociale pour beaucoup de délits contre l'honneur que celle-ci ne prévoit pas ou prévoit mal; il a l'avantage de laisser secrètes les offenses qui doivent rester telles, et de punir sans dévoiler; mais il présente l'inconvénient décisif et qui doit le faire proscrire, de laisser succomber le bon droit presque toujours et de donner raison à l'homme violent et plus exercé que son adversaire au maniement des armes.

Telles sont les *deux survivances de la réaction pénale individuelle* que nous avons seulement voulu noter. Cette survivance peut varier, s'atténuer, grossir suivant les lacunes plus ou moins étendues de la réaction sociale dont elle suit exactement les contours. Si la réaction sociale était complète et pratique, les restes de la réaction individuelle disparaitraient presque entièrement.

Sauf ces survivances, la réaction individuelle a cessé, en ce sens que la personne lésée ne se venge plus elle-même sans jugement social intervenant, que même plus tard l'exécution du jugement lui a été retirée, qu'enfin dans presque tous les pays, mais non dans tous, elle n'a même plus le droit de poursuivre pénalement devant la juridiction sociale. Elle a perdu ces droits peu à peu et successivement. Son action de poursuite, mais indirecte, subsiste encore dans la plupart des pays. Nous avons étudié dans une autre étude ce droit de poursuite. Ce qui lui reste partout, c'est celui de composition pécuniaire forcée pour elle, autrement dit, l'action en *dommages-intérêts*.

Ici se présente une question intéressante. Nous avons vu la réaction individuelle s'affaiblir peu à peu, passer de la vengeance absolue et sans limite, au talion, de celui-ci à la composition pécuniaire, d'abord volontaire, puis obligatoire; nous verrons bientôt, au contraire, la réaction sociale peu à peu s'accroître. Y a-t-il un moment où la personne lésée, plus exactement l'individu en général, se serait dessaisi en faveur de la Société de sa réaction propre, et à partir de ce moment la Société agirait-elle à sa place et par délégation, de telle sorte qu'elle serait investie à la fois de sa réaction propre et de celle de l'individu?

Nous ne le pensons pas. La réaction individuelle s'est simplement affaiblie jusqu'à disparition, et une des causes de cet affaiblissement a été l'*accroissement de la réaction sociale* qui atteint un résultat analogue, elle a fini par se borner à l'exercice de l'action civile, quelquefois de l'action publique, et à une indemnité. Mais jamais expressément ou virtuellement l'individu n'*a renoncé à sa réaction pénale* au profit de la Société ou n'a donné mandat à celle-ci. Seulement, par un jeu mécanique, toutes les fois que la réaction pénale de la Société s'affaiblit outre mesure ou présente des solutions de continuité, la réaction pénale individuelle renaît ou se renforce, un équilibre constant s'établit entre elles. Il n'y a donc pas eu plus de *contrat pénal* entre l'individu et la Société que de *contrat social,* mais dès qu'un *organe fonctionne plus avantageusement* qu'un autre, le *second s'atrophie,* aussi beaucoup d'individus éprouveraient un grand embarras à exercer la vengeance individuelle par vendetta ou par duel, ne serait-ce que par l'inaptitude au maniement des armes.

Le droit de vengeance privée est-il légitime? C'est une question presque oiseuse. Il l'est, quand il est nécessaire, et que sa fonction sociale n'est pas remplie par une autre institution ; c'est ce qui a eu lieu historiquement pendant une longue période. Il l'est encore, quoique l'exercice en soit dangereux, quand la réaction sociale s'accomplit trop faiblement ou d'une manière incomplète. Il ne l'est plus dans le cas contraire, parce qu'il y aurait *double emploi*. Mais presque jamais la réaction sociale n'a été parfaite, aussi jusqu'à ce jour il y a eu des cas où la réaction privée est restée légitime, et il est probable qu'il en sera longtemps ainsi ; il faudrait s'efforcer de perfectionner la réaction sociale, dans l'intérêt de la paix, pour rendre l'autre inutile. Cependant la réaction pénale individuelle s'exercera toujours utilement dans le sens de concurrence de la poursuite.

Aujourd'hui un courant d'opinion s'établit contre la vengeance ou vindicte, soit privée, soit publique, et on met de côté l'intérêt de la victime pour ne s'occuper que de celui du criminel, en s'efforçant d'améliorer celui-ci, et pourtant, ce qui est très singulier, jamais l'exercice de la vendetta n'a été plus fréquent en pratique. Ce désaccord semble inexplicable. La vérité est du côté de la vengeance privée qu'on blâme vainement en théorie, puisqu'elle est profondément enracinée dans la nature humaine. Rien n'est plus *naturel* que cette vengeance ; elle ne découle pas surtout de l'intérêt privé, car elle ne s'applique pas aux crimes contre les biens, mais elle dérive du sentiment de l'honneur et de l'indignation provoquée par le mal. Le talion lui-même signalé comme un signe de barbarie est la seule répression qui satisfasse complètement la victime. Dans les diverses réactions que le crime soulève, c'est la sienne qui est la plus forte, et c'est celle que l'on contient de toute part, dont on dénie la légitimité même ; on préfère celle de la Société, et ce qui est plus surprenant, on s'occupe surtout du coupable, comme s'il était le plus intéressant. Il y a là une tendance certaine qui provient de l'adoucissement des mœurs, mais aussi d'une certaine indifférence du bien et du mal. Le mieux serait suivant nous de donner à chacune de ces réactions sa part légitime et naturelle, de manière à ce qu'il n'y ait pas de choc entre elles. Nous proposons donc d'accorder à la personne lésée une part dans l'exercice de l'action publique, dans la réparation du dommage, une préférence sur la pénalité et des garanties plus grandes contre des infractions nouvelles du coupable.

*Réaction d'une collectivité lésée directement contre une autre collectivité,
auteur de la lésion.*

Ce cas ne diffère pas beaucoup en principe du précédent, il s'agit
toujours de la *justice externe*. La collectivité se comporte *comme un
seul homme*, et la querelle entre deux nations est au fond celle entre
deux individus collectifs. La réaction *de nation à nation* pour punir une
offense s'analyse donc en une *réaction individuelle*. Comme celle-ci, elle
parcourt les phases successives de la légitime défense, de la restitution en
entier par divers moyens, enfin de l'assurance de sécurité pour l'avenir.
La légitime défense est la résistance de la nation dont le territoire est en-
vahi ou attaqué; l'ennemi repoussé, on le poursuit jusque chez lui, on
s'indemnise des pertes matérielles subies, on lui fait un tort équivalent
au moins à celui qu'on a reçu, on réduit les personnes en esclavage ou
en captivité, on les massacre même trop souvent; c'est la seconde
phase ; puis de peur d'attaques nouvelles, on occupe le territoire ennemi, on le conquiert même, et on empêche de faire des armements,
c'est la troisième. Mais il existe une différence essentielle qui arrête
le progrès définitif de la justice internationale. Il n'y a point de réaction publique et d'un supérieur commun, correspondant à ce qu'est la
réaction sociale entre individus physiques. La réaction individuelle
née du réflexe reste seule, avec tous ses dangers et ses excès. C'est
l'état de guerre toujours menaçant.

Pour le faire cesser, il faudrait créer à côté et au-dessus de la réaction *individuelle internationale* une réaction *sociale supra-nationale* qui
rendrait la première inutile. Dans ce but, on devrait établir, non l'arbi-
trage international qui ne peut fonctionner que d'une manière inter-
mittente et seulement pour les causes mineures, mais la *juridiction
supra-nationale* appuyée sur une *force armée* aussi *supra-nationale*, de
même que la justice sociale s'appuie sur une gendarmerie qui exécute.
Cela revient à l'établissement d'une *confédération* dont chaque pays
formerait un État et qui aurait tous les organes fédéraux ordinaires.
Nous l'avons organisée en détail dans une monographie spéciale : *des
moyens pratiques de parvenir à la suppression de la guerre et de la paix armée.*

Entre la réaction d'individu physique à individu physique et celle de
nation à nation, il y a un point intermédiaire que nous avons déjà
décrit, celui de *nation à nation* ou plus exactement de *clan à clan*
à raison d'un individu de l'un des clans qui a été lésé par un individu

duelle, en en empêchant les erreurs et les dangers? Cela semble tout d'abord difficile, car c'est précisément contre la société qu'il faut agir. Cependant on y parvient indirectement par des Constitutions qui sont, entre l'individu et l'Etat, ce que les traités sont entre des Etats différents, et qui indiquent clairement les bornes que ne doit pas franchir l'Etat. Un autre moyen consiste dans l'établissement d'un suffrage universel, au moins quant au minimum de suffrages accordé à chaque citoyen, et qui permette à chacun de choisir les représentants de ses intérêts et de ses droits. Il faut ajouter dans le même sens une certaine part accordée au gouvernement direct, c'est-à-dire à celui qu'on exerce soi-même dans la direction des affaires publiques, et enfin la représentation des minorités, qui empêche leur oppression par la majorité, de quelque parti qu'elle soit. On pourrait aussi, ce qui serait très topique, établir un corps spécial chargé de veiller à la constitutionnalité des actes, soit d'une manière générale, soit à propos de chaque litige, comme aux États-Unis, par le contrôle judiciaire de la constitutionnalité des lois et des actes administratifs.

4° Réaction de la collectivité directement lésée contre un de ses membres.

C'est la *contre-partie* de la réaction précédente. Un citoyen peut attenter à la souveraineté de l'État, soit en cherchant à changer la forme du gouvernement acceptée par tous, soit en se révoltant contre lui et en refusant de lui obéir dans les limites constitutionnelles pour toute autre cause. Cette révolte constitue le crime politique. La société, ou plutôt l'État, réagit contre ce crime, d'abord en se défendant, puis, la victoire assurée, en cherchant à obtenir réparation des torts causés, et en infligeant à son tour à l'auteur un dommage équivalent; c'est la *répression*, souvent impitoyable; ce n'est pas tout, l'État veut rendre impossible pour l'avenir le retour de la sédition. Dans ce but, il procède à l'élimination du coupable. Cette élimination se fait par des moyens spéciaux, qui consistent à exiler ou à déporter, à éloigner le plus possible. De même qu'il y a en droit privé d'individu à individu des peines préventives, aussi bien que des peines répressives, de même, dans cette réaction de la collectivité, quelquefois la crainte de la révolte fait prendre ces mesures de sûreté, même en dehors de toute révolte actuelle: ce système singulier donne naissance à *l'ostracisme.*

Le crime politique est d'une nature toute particulière, et de même est spéciale la réaction qui s'y applique. Ce crime est à la fois plus dangereux que tout autre, puisqu'il s'en prend à l'ensemble de la société et moins coupable, car il est facile de confondre le cas où la société a commis et celui où elle n'a pas commis d'acte de tyrannie et de prendre pour un crime ce qui n'est qu'une réaction contre le crime, et pour une réaction contre le crime ce qui est un crime évident. Aussi, tantôt le crime politique a été réprimé avec la dernière rigueur, tantôt il a été considéré comme très excusable ; tantôt on a multiplié pour lui la peine de mort, tantôt, comme aujourd'hui en France, la peine de mort en matière politique a été abolie. En tout cas, on a créé deux échelles parallèles de pénalité, l'échelle de droit commun, celle de droit politique ; les peines politiques les plus graves ne sont pas infamantes.

De très bonne heure le crime politique a été distingué des autres, et sa répression confiée à la personne morale lésée, à l'État lui-même. Mais ce crime est de deux sortes, il concerne la sûreté du pays soit à l'extérieur, soit à l'intérieur. C'est ce dernier seul que nous appelons aujourd'hui le crime politique proprement dit ; mais l'autre, dont le minimum est la trahison, appartient à la même classe et c'est même par sa répression qu'on a commencé. Aussi dans les pays où les crimes entre particuliers étaient laissés à la vengeance privée, il n'en était pas de même de ceux dirigés contre l'État ; on n'admettait pas pour eux la composition pécuniaire et les peines corporelles ont toujours été en usage. Il s'agit d'abord seulement de crimes contre la sûreté extérieure. Il n'y avait de crimes publics en Germanie, au dire de Tacite, que la lâcheté à la guerre et la trahison. Ce n'était pas en raison de la répulsion plus grande qu'ils inspiraient, mais parce qu'ils attaquaient directement la sûreté de l'État, et sa sûreté la plus urgente, celle du dehors.

Lorsque le gouvernement devint monarchique, la personne du roi se confondit avec celle de la nation, de là les crimes de lèse-majesté humaine, puis par une confusion facile, les crimes contre le roi, en tant qu'individu, se confondant avec ceux contre le même comme représentant de la nation ; enfin il suffit que le crime fût perpétré contre quiconque, mais dans la maison du roi, pour créer cette assimilation. Quelquefois la composition pécuniaire était doublée, centuplée, mais le plus souvent cette composition était interdite. L'infidélité au roi emportait chez les Germains la peine capitale et la confiscation de tous les biens ; chez les Lombards, on incriminait jusqu'aux mauvaises pensées contre les souverains. A Rome, les crimes publics, c'est-à-dire frappés par la société, furent aussi ceux contre l'État : la désertion sous les drapeaux, la conspiration furent des premiers.

Lorsqu'à une certaine époque, il y eut solidarisation entre l'État et la religion d'État, les crimes contre la religion furent assimilés à ceux contre l'État, et à côté de ceux de lèse-majesté humaine se placèrent ceux de lèse-majesté divine, mais ces derniers tiennent surtout à un autre ordre d'idées, à une réaction spéciale qui fera l'objet d'une autre division.

Enfin il faut ranger, à côté des crimes politiques proprement dits, attentatoires à la sûreté intérieure ou extérieure de l'État, les crimes et délits militaires qui concernent indirectement la défense du pays.

De même que les crimes politiques, ou plus généralement des citoyens contre l'État, ont un caractère spécial et une échelle de pénalités différentes, de même ils peuvent causer une réaction de la part du coupable pour les éteindre. C'est surtout en raison de son besoin de sécurité pour l'avenir que l'État réprime les crimes politiques; si cette sécurité est assurée par le repentir ou l'amendement du coupable, ou mieux encore par la disparition des causes qui avaient causé la sédition, l'État peut pardonner. C'est ce qu'il fait souvent aussi et d'une manière particulière, au moyen de l'amnistie, qui a ceci de particulier, qu'elle s'applique en bloc à tous les coupables. Elle joue dans cette réaction le même rôle que le pardon dans la réaction de l'individu, et que, comme nous le verrons bientôt, la grâce joue dans la réaction de la société lésée indirectement seulement.

Telle est la réaction de la collectivité directement lésée par un de ses membres; nous allons étudier celle de la même collectivité lésée d'une manière *indirecte*. Une de ces réactions conduit à l'autre, et ce n'est pas expressément que la société a pris tout à coup fait et cause pour un des citoyens, c'est insensiblement et par développement de sa défense personnelle, comme tout ce qui s'opère dans la nature, laquelle ne fait pas de saut.

Il ressort de ce que nous venons d'observer qu'au point de vue social le crime politique a précédé celui de droit commun, et que la répression du second n'a été qu'une imitation du premier, en ce qu'il contenait une atteinte à la paix publique. Ce n'est que peu à peu que le domaine du *droit pénal public* s'est *agrandi* au dépens du *droit pénal privé*.

5° *Réaction de chacun des membres d'une collectivité indirectement lésée contre l'un de ses membres.*

Comment a-t-on passé de la réaction individuelle à la réaction sociale quand il s'agit d'un crime qui n'a pas été dirigé contre la collectivité? Est-ce que tout à coup la société a pris fait et cause pour l'individu lésé, s'est substituée à lui? Ou bien a-t-il existé dès l'origine une justice distincte et parallèle, l'une dite *individuelle*, l'autre dite *patriarcale*, devenue plus tard sociale, justice *interne*, ne supposant aucune réaction, nul esprit de vengeance, ni même principalement de défense, une sorte de justice *distributive* et *disciplinaire*, visant directement *l'immoralité* du fait? D'aucuns l'ont pensé et établissent, à côté de la *justice de réaction*, pour ainsi dire, *mécanique*, une autre *justice consciente* d'action supérieure. Ce n'est pas encore le moment de réfuter cette doctrine qui a sa place sous la division suivante, mais nous sommes ici à un *point de transition* qui indique bien comment *la justice sociale a été le produit lent de la justice individuelle.*

Lorsqu'un membre de la société est offensé, nous avons vu que sa famille tout entière ressent cette offense non seulement par *affection*, mais par une *solidarité familiale matérielle*. Les biens de la famille sont en commun, le vol commis au détriment de l'un nuit donc aux autres. L'*honneur de tous est encore indivis*, chacun ne possède pas son honneur particulier; ce qui diffame l'un les diffame tous. Sans doute, les coups sont plus personnels, mais il en résulte un chômage, une obligation d'assistance à la charge de l'ensemble. Quant à la mort, elle prive la famille agricole de bras qui lui sont nécessaires, et il faut élever aux frais communs les enfants hors d'état de travailler. Ce n'est pas tout : chaque membre de la famille atteinte se voit blessé dans ses affections; le besoin de vengeance naît dans son cœur; enfin le *mal* fait à l'un d'eux est une *menace* pour tous les autres.

Tel est le motif de la *solidarité* des membres de la famille et de la réaction solidaire quand la lésion est faite à l'un d'eux par une famille étrangère ou un clan étranger. Mais cela est vrai aussi quand c'est un des membres de la famille, du clan, de la nation, qui se rend coupable vis-à-vis d'un autre membre, cela l'est cependant un peu moins et la *réaction externe* sociale ressemble plus à la réaction individuelle que la *réaction interne*. Ce qui domine ici, c'est la *solidarité de danger*. Qu'un assassin ou une bande d'assassins ait pénétré au domicile de l'un des habitants et à l'aide d'effraction, d'escalade, de menaces, ait enlevé ce qui lui appartient, un tel fait m'intéresse non seulement par l'*indignation* que soulève le mal et la *pitié* qu'excite le malheur, mais par mon *propre danger* personnel. L'intérêt s'accroît si la même bande renouvelle ses exploits, parce que le péril s'est accru; ce pourrait être bientôt mon tour. Il me faudra donc agir pour aider les citoyens attaqués à repousser les assaillants et pour poursuivre et punir ceux-ci, s'ils ont réussi. Sans doute, si la société est fortement organisée, je pourrai me reposer sur elle de ce soin, en lui payant sous forme d'impôts la somme nécessaire pour intervenir. Mais dans le cas contraire, il me faudra agir moi-même. C'est comme dans le cas d'incendie; s'il existe un corps de pompiers, et que l'élément nécessaire, l'eau, soit à proximité, je pourrai me rendormir, à défaut chaque citoyen se réveille et court au feu.

Voici donc chacun intéressé, atteint par le danger, *lésé ainsi indirectement;* s'il intervient, c'est pour lui-même et presque sans délibération. *Sa réaction est spontanée, réflexe,* il poursuivra le coupable, l'arrêtera; s'il n'y a pas un centre social proche, et s'il ne peut garder le criminel, il le jugera lui-même, et s'il le condamne, il l'exécutera. D'ailleurs, d'autres citoyens mûs par le même intérêt seront présents, et ils formeront une société provisoire. De nos jours même, où ce ne sont plus les citoyens *ut singuli* qui agissent, mais la société organisée, ils ont encore en cas de flagrant délit le droit d'arrêter le coupable; en outre, ils le dénoncent.

Cette réaction est très curieuse à étudier, elle a disparu en grande partie, surtout de certains pays comme le nôtre, mais elle a universellement régné, elle est cependant postérieure en date à la réaction individuelle. D'abord la maxime : *chacun pour soi* était exactement suivie ; la réaction de tous les citoyens fut un grand progrès.

Il faut distinguer avec soin cette réaction pénale des citoyens *ut singuli* de celle des mêmes *ut universi,* c'est-à-dire de la société constituée. Elle est beaucoup plus violente, plus réflexe, elle l'est presque autant que la justice individuelle, et presque aussi partiale. L'idée de vengeance privée y est presque aussi forte, mais elle se convertit peu à peu en idée de moralité, au moins d'indignation, parce qu'ici l'égoïsme est certainement le point de départ, mais conduit à l'altruisme. Plus tard, par une transition nouvelle, la société s'est développée en passant de la réaction *ut singuli* à la réaction *ut universi,* de même que dans l'ordre politique on passe du *gouvernement direct* au *gouvernement indirect.*

Ce n'est point d'ailleurs au cas de flagrant délit que se borne, comme il le fera plus tard, le droit de chaque citoyen, il existe dans tous les cas, et s'exerce, même quand, le mouvement réflexe passé, on est à même de réfléchir. Ce droit a été plein à l'origine, comme tous les autres, et ce n'est que plus tard qu'il s'est partiellement effacé. Il importe de le décrire dans son état primitif; nous en observerons ensuite la dégénérescence.

Chez les Kabyles, toute infraction commise sur la place du marché est, à la différence des autres, punie immédiatement par les citoyens présents et le délinquant est lapidé. A Beime, en Afrique, tout le monde vient armé au tribunal pour tuer le condamné aussitôt après le jugement; il en est de même à Loango, à Angola. Chez les Onites le peuple s'empare de la personne du parricide et le brûle, ainsi que sa maison et tous ses biens; en cas d'insulte envers un hôte, il jette le coupable, pieds et poings liés, dans un fleuve. Il en était de même à Rome en cas de faux témoignage, on précipitait le coupable du haut de la roche Tarpéienne. Chez les Tasmaniens, les citoyens attachent l'adultère à un arbre et chacun lui lance des flèches, chez les Caraïbes on l'assomme sur la place publique. Chez les Turcomans, le peuple tue le traître et détruit ses propriétés. Chez les Miridites dans la Haute Albanie, la fille séduite est tuée par son père et ses frères et à défaut lapidée ou brûlée par le peuple; il en était de même chez les Langobards. Dans le droit norvégien les citoyens formaient un double rang entre lequel le condamné devait passer, et chacun lui jetait sa pierre.

Quelquefois ce droit de chaque citoyen doit être précédé d'une déclaration d'exil et de mise hors la loi; mais cette formalité devient inutile en cas de flagrant délit; c'est une sorte d'*excommunication laïque*. L'expression consacrée alors au coupable par la langue germanique est très énergique, c'est un loup (*vargr*, *wolf*, *mord-vargr*, l'assassin, *brenn-vargr* l'incendiaire). Aussitôt après la sentence, on incendie la maison du coupable et celui-ci doit prendre la fuite s'il veut éviter la mort. Souvent une récompense est accordée à celui qui tue l'homme mis hors la loi, c'est ce qui avait lieu dans le droit irlandais et même dans le code monténégrin de 1796, dans les lois anglo-saxonnes et en Norwège; la prime accordée chez nous au gendarme qui constate certains délits est une réminiscence de cette idée. La démolition de la maison du proscrit est une mesure générale, elle est ordonnée par la loi russe, chez les Francs, les Frisons, les Saxons, les Scandinaves, c'était le droit de ravage. Au Moyen-Age, les ravages étaient encore permis par les rois francs et espagnols; il fallait une permission de l'autorité. Quelquefois c'est la loi qui autorise elle-même cette destruction, on peut citer le statut de la ville de Pistoie, le droit coutumier de Bigorre, un édit de la province de Férice rendu en 1111. Suivant le li-ki, ancien code chinois, on faisait une étable à porcs de la maison du parricide. L'idée de détruire la maison du délinquant mis hors la loi se rencontre presque partout.

Plus tard, le droit de condamner le coupable passe à la société *ut universi*, c'est-à-dire à des juges réguliers, mais pendant longtemps, une fois la sentence rendue, tous les citoyens ont le droit d'exécuter. Leur réaction pénale est encore très forte. Tantôt ce droit n'existait qu'en cas d'absence du bourreau, tantôt, au contraire, il était absolu. La participation à l'exécution était même parfois obligatoire; c'est ainsi que dans l'ancienne législation de l'Islande les paysans devaient assister à l'exécution d'un voleur sous peine d'amende. Selon le droit monténégrin de 1796, le condamné à mort devait être lapidé ou fusillé par tous. De nos jours et en France le peloton d'exécution militaire est la réalisation de la même idée. Chez les Indiens Wyandos il y a deux degrés de mise hors la loi : dans le premier, tout citoyen a le droit de tuer le coupable, dans le second, il en a le devoir; nous avons vu que la réaction pénale de la personne lésée elle-même comporte aussi ces deux degrés. Ici l'évolution s'est faite de la faculté à l'obligation, chez les Germains ce n'est que dans le droit coutumier plus récent que l'obligation est née ; celui qui ne lançait pas de pierres sur le voleur était condamné à une amende de neuf onces. Le droit anglo-saxon voulait que quatre-vingts hommes prissent part à la lapidation du voleur et celui qui le manquait trois fois recevait trois coups de verge. Nous avons emprunté ces détails à M. Makarewitch (« Évolution de la peine »). Fait très curieux, en Judée et en Arabie il n'y avait pas de bourreaux en titre ; dans le premier de ces pays, c'étaient les témoins à charge qui en faisaient l'office, c'était en effet, après celle du coupable, leur réaction qui était la plus naturelle; avant l'exécution, ils plaçaient leurs mains sur la tête du patient pour confirmer leur déposition.

Ainsi chaque citoyen a d'abord le droit pénal dans sa plénitude, il poursuit, il juge, il exécute; cependant, quand il l'exerce, au moins dans les deux premiers éléments, il est rarement seul, il y a là tout un groupe de citoyens, quelquefois l'assemblée plénière, et alors on peut se demander si l'on est bien en face d'un droit individuel et non d'un droit social de gouvernement direct, mais le droit est tout à fait individuel en cas de flagrant délit, il l'est aussi après la déclaration de mise hors la loi pour l'exécution. Ce dernier survécut longtemps. Mais c'est le premier qui subsiste encore de nos jours, et sur lequel nous reviendrons ailleurs.

La réaction de tous les citoyens indirectement lésés a, comme celle de la victime du délit, *trois moments*, celui de la *légitime défense*, celui de la *restitution entière*, celui de l'*assurance de sécurité*.

Nous n'avons pas parlé du premier de ces moments; il consiste à venir au secours de la victime à l'instant où elle-même se défend ou se trouve dans l'impossibilité de le faire. Non seulement il y a là une faculté, mais aussi une obligation morale, que quelques législations convertissent en obligation juridique. Le second moment est la compensation du malheur de la victime par celui du coupable, nous l'avons décrit. Le troisième consiste dans l'excommunication ou l'exil du coupable, les citoyens *ut singuli* n'ayant pas d'autres procédés d'élimination; en cas de rupture de ban l'élimination définitive résulte de la mort infligée.

Aujourd'hui, les citoyens *ut universi* ont remplacé les citoyens *ut singuli*, c'est une conséquence du gouvernement *indirect*, et dans son ensemble la réaction pénale de chaque citoyen a disparu. Mais il en reste des survivances, même des résurrections, très intéressantes à étudier, et qui correspondent aux cas de survivance de la vengeance individuelle. Elles s'expliquent par les mêmes motifs. Toutes les fois que le droit social présente des imperfections ou des lacunes, le droit individuel reprend force pour les remplir; ils sont en croissance ou en décroissance, en raison inverse l'un de l'autre.

Les survivances de la réaction de tous les citoyens ont lieu pour : 1° la *surveillance* de l'*action publique*, et d'abord même pour l'*exercice* exclusif de cette action, puis pour la *concurrence;* 2° l'*arrestation*, et même l'*exécution* en cas de *flagrant délit :* 3° le *jugement* et l'*exécution* en cas d'*insuffisance réelle* ou *prétendue* de la justice sociale proprement dite.

L'exercice, la surveillance de l'action publique de leur part est devenue actuellement exceptionnelle.

L'arrestation par tous moyens, même pouvant entraîner la mort en cas de flagrant délit, est admise par toutes les législations et n'a pas besoin d'être décrite, tout citoyen devient alors membre du Ministère Public. Mais le droit de survivance complète, y compris le droit de jugement ou d'exécution en dehors de tout jugement, ce qui revient au même, par suite de déficience du pouvoir social, est plus curieux, il se résume dans la loi de Lynch.

La loi de Lynch fonctionne dans deux cas bien différents qu'il ne faut pas confondre, car autant cette loi est légitime dans l'un, autant dans l'autre elle est contestable. Il est possible qu'on se trouve *géogra-*

phiquement en dehors de toute société organisée. Faudra-t-il donc attendre, pour faire justice d'un crime accompli en notre présence, qu'on se retrouve en face de cette société! Cela n'est pas toujours possible. La distance peut être très grande; on pourrait en attendant s'emparer et s'assurer de la personne du coupable. Mais comment le garder si l'on est soi-même en voyage? il pourrait s'échapper à tout instant, il pourrait même nuire. Il nuira aussi si on le laisse en liberté, car l'impunité assurera son audace. Un seul moyen pratique est possible : le juger, puis l'exécuter. C'est ce qui a lieu souvent dans les pays lointains que l'on explore ou que l'on exploite.

Ou bien on se trouve au milieu d'une société organisée, mais cette société ne réprime pas ou réprime mal certains délits, très graves cependant, et qui vont rester impunis, soit que la société soit indifférente, soit qu'elle favorise certains crimes par passion politique. Quelquefois c'est le corps judiciaire qui est suspect, les juges, les jurés aussi, sont faciles à corrompre, les coupables sont acquittés d'une manière scandaleuse, tous les citoyens s'indignent et de leur propre autorité vont reviser le procès.

Ce sont les États-Unis qui forment la terre classique de la loi de Lynch; cependant on en trouve ailleurs de frappants exemples dans les cas de trouble politique. Nous empruntons à une étude de M. Desjardins les détails suivants sur cet intéressant sujet. John Guch fut un Irlandais exerçant au xviie siècle, dans la Caroline du Sud, les fonctions de *chief justice*; les tribunaux ne suffisant pas à réprimer tous les brigandages, ses concitoyens lui donnèrent un pouvoir absolu, il était à la fois législateur et juge, faisant exécuter de suite les criminels surpris en flagrant délit. Cette histoire est d'ailleurs taxée de légendaire, mais il importe peu. Ce qui est certain, c'est que pendant une certaine période, aux environs de l'ordonnance de 1787, qui organisa les premiers territoires du Nord-Ouest, les gouverneurs furent investis d'attributions judiciaires vagues et non rétribuées et les individus durent se grouper pour assurer eux-mêmes la sécurité sociale; cette nécessité s'imposa de plus en plus à mesure que l'exploitation s'avança dans le *far-west*. Chacun se faisait juge et bourreau, et on purgeait ainsi le pays rapidement des bandes de malfaiteurs, mais la loi de Lynch gagnait aussi les autres États existants depuis longtemps et pleinement organisés. Là, elle eut un autre motif, l'intimidation des noirs, qui se livraient à de nombreux attentats, surtout aux mœurs, contre les blanches; aussi dans la Caroline du Sud, la Virginie et la

Louisiane, l'homme de couleur pouvait être mis à mort sans jury d'accusation ni jury de jugement. Un autre crime qu'il fallait punir sans aucun retard et très préjudiciable, c'était le vol des chevaux et des bœufs, dont la poursuite est très dangereuse, d'autant plus que les voleurs opéraient par bandes. D'ailleurs, la procédure criminelle dans ce pays est entourée de mille garanties, et par conséquent, très lente, et, paraît-il, les juges sont corruptibles, surtout les jurés supplémentaires appelés au dernier moment, qui vivent de cette profession ; aussi, dans le Missouri, le peuple mit-il à mort un certain jour un juge et son attorney, soupçonnés de connivence avec une bande de voleurs.

Le lynchage n'est pas un fait isolé. Voici une petite statistique qui le prouve : On comptait aux États-Unis, en 1884, 103 exécutions légales contre 219 lynchages ; en 1885, 108 contre 181 ; en 1886, 83 contre 133 ; en 1887, 79 contre 125 ; en 1888, 87 contre 144 ; en 1889, 98 contre 175 ; la proportion est toute en faveur du lynchage. Quelquefois il y aura simulacre de jugement. Voici quelques exemples. Le 20 février 1891, à Guinesville, dans la Floride, une bande d'outlaws dévastait la contrée ; deux d'entre eux sont saisis ; comme on les emmenait en prison, la foule passa autour du cou de l'un d'eux un nœud coulant et le pendit à un arbre ; le sheriff parvint à l'arracher, mais bientôt elle se rendit à la prison, s'empara du directeur et des gardiens, les enferma dans leur cellule, emmena les outlaws et les pendit. Le 23 février, dans le Colorado, même exécution sommaire dans la prison ; une lutte s'engage entre la foule et les gardiens ; celle-ci est victorieuse et procède à la pendaison. Souvent le lynchage est l'œuvre d'une petite minorité ; quelquefois on délibère préalablement dans un meeting, mais parfois il n'y a pas de délibération du tout, le mouvement est impulsif. C'est bien *ut singuli* que les citoyens agissent par une réaction semblable à celle de l'individu qui exerce une vengeance privée ; la foule ne juge pas plus que lui, elle répond au coup par le coup.

Tel est le *vestige* le plus curieux de la réaction des citoyens contre le crime qui atteint l'un d'eux. Il se rencontre, comme nous l'avons dit, avec ce caractère particulier de reprendre le coupable à la justice régulière, et de le retirer de prison pour l'exécuter, chez les peuples les plus civilisés et ayant une justice régulière, dans les moments de troubles politiques. Le peuple s'irrite des formalités de justice, il soupçonne les juges, il condamne en bloc toute une classe de citoyens. C'est ce qui advint pendant la Révolution Française, au moment des massacres de septembre. On était sous le coup de l'invasion étrangère, des ennemis étaient soupçonnés au-dedans, ils étaient entassés dans les prisons de Paris sans qu'on procédât à leur jugement. La foule des massacreurs comprenait trois cents personnes, composée d'une manière très hétérogène ; ils commencent par former une sorte de tribunal, mais comme il y a beaucoup de jugements à rendre, on décide d'abord que les nobles, les prêtres accusés sont déclarés coupables par leur profession seule et seront massacrés en tas ; on juge les autres ; quand l'un d'eux est acquitté, tout le monde l'embrasse. Il y a là une application de la loi de Lynch.

Il nous reste à parler des deux autres survivances du droit de punition par tout citoyen. Dans les pays très civilisés et les époques calmes, chaque citoyen ne peut plus que poursuivre directement ou indirectement l'action publique ; il n'a plus le droit de juger, ni d'exécuter. Ce sont des fonctionnaires qui en sont chargés ; le droit social a éliminé le droit individualiste. Cependant ce dernier ressuscite en partie dans l'institution *du jury*. Qu'est-ce que le juré, sinon un *juge de droit individualiste* ? Sans doute, dans l'intérêt de la paix publique et aussi de la justice bien rendue, on ne peut pas permettre que chacun s'érige juge sans garantie et sans mission. Mais alors il semble que le juge doive être ou le produit d'une élection ou celui d'une sélection, et qu'il sera social. Oui, d'ordinaire, même en matière pénale. Mais quand il s'agit des crimes, et aussi des peines les plus graves, c'est l'individu seul qui peut juger et condamner. Comme on ne peut faire se réunir la totalité des citoyens, ni même un groupe considérable convoqué, et que, d'ailleurs, ce groupement représenterait toujours de la justice sociale, on n'en prend que quelques-uns et ils sont tirés au sort. C'est l'*idée* du jury ; cette idée est tellement individualiste que longtemps, pour obtenir un verdict, il fallut l'*unanimité*, non par un scrupule exagéré, car alors le manque d'unanimité eût profité à l'accusé, ce qu'il ne faisait pas, mais, pour ainsi dire, par définition. Quand la justice est individualiste, nul individu ne peut l'emporter sur l'autre, car alors ce ne serait plus le règne de l'individu. Comme l'atome de la foule, l'atome du jury a une toute-puissance que le représentant de la société la mieux organisée ne possède pas ; il ne motive pas ses jugements, quelquefois il ne les raisonne point, il décide avec l'instinct comme la foule impulsive. Il condamne sévèrement lorsqu'il s'agit d'un délit qui, lui semble-t-il, peut l'atteindre, acquitte, si ce délit, quoique existant, lui est indifférent ; il faut qu'il soit indirectement lésé.

La dernière survivance de cette réaction consiste en une *peine toute morale* que la *foule*, ou plus exactement le *public*, distribue et applique tant aux crimes déjà frappés d'autres peines par la justice sociale, qu'à ceux qui échappent à ces peines. Cette dernière réaction s'affaiblit comme les autres, mais s'est encore perpétuée de nos jours. Pour bien le comprendre, il faut se rappeler quelle est sur d'autres terrains la force de l'*opinion publique*. On connaît la puissance de la mode; elle dépasse celle de toutes les lois, avec leurs sanctions les plus draconiennes. Elle commande avec une suprême tyrannie, dans les plus petits détails, et si la loi de police punit l'absence totale de vêtement, celle de la mode punit tout aussi efficacement le manque de gants ou de cravate par une peine propre à elle : le ridicule. La vie de l'homme est remplie par mille cérémonies mondaines, qui dépassent les prescriptions rituelles des Indous et l'étiquette des Cours; et celle des femmes l'est beaucoup plus encore. Cependant chacun s'y soumet sans contrainte, sans murmure; on se fait un plaisir de lui obéir; plus elle multiplie ses ordres, plus elle est honorée. S'il était possible de la charger de tous les articles de la morale et du droit, on pourrait sans danger abroger le Code, fermer les prisons, supprimer les pénalités édictées; il lui suffirait de dire : *je veux*. C'est la *reine incontestée;* tous les partis politiques la reconnaissent; toutes les religions l'adorent à côté de leurs dieux particuliers; toutes les philosophies la déclarent véritable; les loups imitent les brebis et se rangent dans son troupeau. Hé bien! c'est cette *mode*, c'est l'*usage* qui a souvent joint ses sanctions propres à certaines obligations et constitué un petit droit pénal très utile, sans verser le sang, sans incarcérer; cependant ses peines sont très cruelles parfois, parce qu'elles sont très sensibles. C'est le *public* qui les applique, les citoyens un à un; la société organisée n'a rien à y voir, si ce n'est quelquefois pour les tempérer.

Le *blâme universel*, l'animadversion publique, l'*excommunication tacite* du *milieu homogène* est des plus pénibles; aujourd'hui encore l'exclusion d'un cercle, la mise en quarantaine de la part de camarades ont causé le désespoir et même le suicide. Le lâche est l'objet du mépris public, les pénalités efficaces sont les regards, les rires, le refus de serrer la main, quelquefois les sifflets, les cris, les injures. Elles peuvent constituer le charivari, si usité dans certains pays. On atteint ainsi des actes non coupables, mais vus avec défaveur, par exemple, au Moyen-Age, les secondes noces. Le mépris accompagne aussi la mauvaise conduite d'une fille, et surtout d'une fille-mère; cela a même alors l'inconvénient de l'entraîner à l'avortement ou à l'infanticide, bien plus que tout autre motif. Quelquefois cette peine a été infligée par un juge spécial ou par un fonctionnaire, à Rome par le censeur, mais le blâme du public reste plus étendu. Il est connu chez les peuples les plus sauvages. Chez les Groënlandais, un chant satirique s'adresse au coupable dans une assemblée où tout le monde prend part au chant. Il y aurait une recherche curieuse à faire de ces peines toutes morales, populaires, qui constituent un droit pénal d'une nature particulière, et aussi détaché du droit pénal social que du droit pénal religieux.

Cependant ce blâme populaire s'affaiblit, parce que l'idée morale du mal va diminuant ou se transforme, que d'autre part l'individu abdique de plus en plus entre les mains de la Société.

Telle est la réaction des citoyens *ut singuli*. Elle ne s'arrête point, comme la réaction privée, devant le pardon gratuit ou intéressé au moyen de la composition pécuniaire. Elle est sous ce rapport la plus cruelle de toutes.

6° *Réaction de la collectivité indirectement lésée contre un de ses membres.*

Nous avons expliqué comment, quand un citoyen est lésé par un autre citoyen, même appartenant à la même famille, au même clan, à la même tribu, tous les autres atteints se trouvent indirectement lésés, et en raison de leur lésion peuvent réagir contre le coupable. Ils ne le font point au profit de la victime, ce qui serait un acte d'altruisme, mais au leur propre, ce qui est un acte d'égoïsme ; nous avons vu comment leur réaction s'exerce. C'est d'ailleurs, comme celle de la victime, une réaction latérale.

Mais, de même que la victime devient peu à peu privée de sa réaction, à leur tour les citoyens vont se trouver dépouillés de la leur, tout naturellement ; c'est qu'à l'individu va succéder le pouvoir social, et même ce pouvoir social ne s'exerce point toujours par tous les citoyens réunis, ce qui constitue le gouvernement direct, mais bientôt par des délégués de cette assemblée, ce qui constitue le gouvernement indirect. Le plus souvent, ce délégué deviendra permanent ou ne sera renouvelé qu'à de très longs intervalles ; ce sera le roi, l'assemblée restreinte qui gouverne la nation. Dès lors, beaucoup de droits qui étaient *latéraux*, exercés de citoyen à citoyen, seront *directs*, de la société gouvernante au citoyen gouverné.

Le droit de punir passe donc de l'*universalité* des citoyens et de chacun d'eux *ut singuli*, aux *organes* de la société constituée, surtout à son *chef*, au chef de la famille s'il s'agit de deux membres d'une même famille, au chef du clan, s'il s'agit seulement de deux membres du clan. Il n'y a point de délégation particulière, c'est le résultat d'une délégation générale. Plus exactement, ce n'était qu'une apparence, il n'y a pas de délégation du tout. Cela est si vrai que pendant quelque temps le droit des citoyens *ut singuli* concourt avec celui de la Société collective. En effet, la Société, une fois organisée, n'a pas besoin de cette délégation. Elle est elle-même indirectement lésée dans son ensemble. Nous avons étudié sa réaction propre en cas de lésion directe, ici cette réaction est de même nature. Si un vol est commis avec effraction ou avec violence, ce n'est pas la victime seule ou les autres citoyens un à un qui sont mis en danger, c'est le pays tout entier, le gouvernement lui-même qui ne pourrait subsister s'il tolérait de pareils actes.

Tous les délits ne font pas l'objet de la réaction sociale proprement dit, pas plus qu'ils ne font celui de la réaction du public, beaucoup ne mettent pas en danger la Société indirectement et sont laissés à la poursuite de la victime ; ce sont les délits privés, par opposition aux délits publics. La Société se contente alors de prêter ses juges et ses exécuteurs.

C'est ici que se présente la question de savoir si l'on est en face d'un *principe nouveau*, s'il y a un élément autre qu'une réaction spéciale. Beaucoup l'ont prétendu, et pensent qu'il s'ouvre une nouvelle source du droit de punir. C'est ce qu'on a nommé la *justice patriarcale*, elle aurait pour point de départ la *famille*, puis se serait étendue aux collectivités plus compréhensives. Elle aurait cette caractéristique que la réaction pénale ne serait plus le principe générateur, mais que celui-ci serait le *sentiment moral de répulsion* pour le crime. Le père de famille aurait cherché à faire triompher le bien et à punir le mal.

Il faut distinguer suivant nous. La justice patriarcale a bien existé, et c'est de son développement qu'est née celle qui plus tard émane de l'autorité dans le clan, la tribu et la nation, c'est une justice *directe* et non plus *latérale*, *interne* et non plus *externe*, mais elle n'a pas un principe distinct. C'est toujours une réaction pénale, laquelle a passé de la personne lésée à ses frères et sœurs et aux concitoyens lésés indirectement, puis à la Société et à son chef représentant l'universalité des citoyens. Seulement la Société elle-même s'identifie à la personne de son chef, lequel acquiert un pouvoir absolu et personnel, et la justice semble désormais toujours descendre d'en haut et n'avoir eu jamais une autre direction. Il est certain que dans les temps les plus anciens le père de famille avait le droit de juger et de punir, qu'il avait celui de vie et de mort sur sa femme, ses enfants, ses esclaves ; les dispositions du droit romain à cet égard sont bien connues. Il en était de même en Grèce, dans la Gaule, en Arménie, jusqu'en Australie. En Chine le chef d'un village est souvent le patriarche du clan ou de la famille et exerce l'autorité judiciaire. Chez les Hottentots ce sont les chefs patriarcaux qui rendent la justice. Du père, des patriarches, cette attribution passe au roi qui délègue plus tard une partie de ses fonctions judiciaires, mais a toujours une part de justice retenue. Ils laissent cependant à la réaction privée pendant longtemps les crimes qui admettent la composition. Mais il faut saisir *la genèse* de cette juridiction dans la famille même, et on la découvre chez la famille slave. Ce n'est point comme père que le père de famille distribue ainsi la justice pénale, c'est comme délégué, ou plutôt comme président de la famille. C'est celle-ci qui juge dans les cas importants, seulement le pouvoir même familial finit par se centraliser de plus en plus. Mais le point de départ est bien toujours la réaction sociale.

La réaction sociale *centralisée* entre les mains du chef ou de ses délégués n'englobe pas tout le droit pénal, à l'origine, il n'en comprend qu'une faible partie, le surplus est laissé à la vengeance privée. Il faut que le crime atteigne indirectement la Société, alors on l'assimile à celui qui l'atteint directement et dont nous avons déjà décrit la répression. De là la distinction entre le délit privé et le délit public. Il serait intéressant d'établir la nomenclature des uns et des autres ; du reste, les limites ne sont pas stables, le domaine du délit public va toujours grandissant. En général, c'est l'emploi de la violence qui peut servir de critère, mais seulement à une certaine stade de l'évolution, car longtemps l'homicide reste rangé parmi les délits privés.

La réaction de la Société possède les *trois moments* des autres réactions, mais la proportion n'est pas la même, c'est le troisième qui devient le plus important ici. Quant au premier, son époque est déplacée, et un peu avancée. On se souvient que la réaction de l'individu comprend successivement la légitime défense, la restitution en entier, la sécurité pour l'avenir. Eh bien ! la Société ne peut exercer sa légitime défense au moment même de l'agression contre la victime, mais un peu avant et un peu après, un peu avant en édictant des peines préventives qui empêcheront l'acte de pouvoir s'accomplir, un peu après en arrêtant et en détenant de suite l'auteur du crime. La seconde phase, la réaction de restitution, a été déniée en ce qui concerne la Société, elle concerne en effet la vindicte publique correspondant à la vengeance privée. Mais, historiquement d'abord, cette *vindicte publique* a existé, nous avons vu son plein exercice de la part des citoyens agissant *ut singuli;* elle n'a pas moins lieu de la part de la Société ; seulement on a eu le tort d'y voir une expiation proprement dite ; or, nous établirons que l'idée d'expiation n'appartient qu'à la réaction cosmosociologique que nous décrirons bientôt. Mais il y a eu certainement vengeance : les supplices infligés au coupable le prouvent. La Société menacée gravement se vengeait du danger. Avait-elle raison de le faire ; en d'autres termes, l'idée démodée de vindicte publique doit-elle être conservée dans le présent et l'avenir ? Sur ce point, comme sur beaucoup d'autres, il y a une mode actuelle, elle est dans le sens de l'abolition, le mot même semble odieux. Cette tendance est cependant d'une justesse discutable. Sans doute, la Société ne doit pas s'acharner sur le coupable, le frapper sans mesure, car lui aussi a ses droits, mais on a tort de borner tous ceux de la Société à son amendement ou même à son élimination sans douleur, s'il est incorrigible. Tout ce qui est naturel est juste ; la société qui a été lésée a un droit de réaction réflexe ou consciente contre l'auteur de la lésion. Cependant elle est une personne collective et par conséquent plus indifférente ; sa réaction ne doit pas avoir l'âpreté de celle de l'individu.

C'est certainement le dernier moment qui est le plus important dans la réaction sociale, à savoir l'élimination du coupable, soit perpétuelle, soit temporaire, et en même temps l'exemplarité. C'est même cette dernière qui est plus caractéristique. En effet, pour l'avenir l'individu cherche surtout à ce que le même ne réitère pas contre lui le même délit. La société s'efforce surtout à ce que ce délit ne soit reproduit par personne, car dans tous les cas elle se trouverait atteinte. Pour y parvenir, deux voies s'ouvrent devant elle : l'élimination de ceux qui pourraient commettre ce délit dangereux pour elle, leur amendement qui est l'élimination morale de la disposition mauvaise. Le second moyen est plus sûr, plus économique, et a en même temps l'avantage de profiter au criminel. La société choisit tantôt l'un, tantôt l'autre ; elle doit préférer l'élimination pour l'incorrigible, l'amendement pour le corrigible. Ces mesures d'élimination ou d'amendement sont bien distinctes de celles de punition ou de vindicte, les deux se cumulent ; c'est ainsi que la peine de relégation après la prison subie est une mesure d'élimination succédant à une autre de répression proprement dite.

La réaction sociale dans ces divers moments peut être arrêtée par une *réaction* en sens contraire, venue du coupable. Celui-ci peut ou réparer entièrement le dommage causé ou obtenir que la réparation remplace la peine, de même qu'il arrête la vengeance privée par la composition pécuniaire. Alors la société peut se désister de sa réaction en rétablissement de l'état premier, puisque cet état va se trouver restauré. Le coupable peut aussi s'amender de lui-même et alors le but d'élimination se trouve inutile, la société y renonce. Ce sont deux points à examiner.

Lorsque le coupable répare de lui-même le dommage directement ou indirectement, il peut obtenir une *immunité* de peine. C'est ce qu'on peut observer dans plusieurs législations positives où le voleur qui restitue avant toute poursuite n'est pas punissable. Dans notre droit l'auteur de certains crimes dangereux qui dénonce ses complices est indemne aussi. Quelquefois c'est la loi qui d'elle-même impose la réparation, et ne prononce la peine corporelle qu'à défaut. Il y a là une sorte de composition pécuniaire entre le coupable et la société. Il s'agit de l'amende qui joue entre eux le même rôle que les dommages-intérêts entre le coupable et sa victime. Dans notre droit elle est fréquente pour les petits délits ; si le coupable ne paie pas cette sorte de composition pécuniaire, il subit une peine corporelle tarifée d'avance pour la contrainte par corps, plus exactemeut dénommée ailleurs prison subsidiaire. Certaines législations ont beaucoup plus généralisé l'amende. Par exemple, dans l'Inde les blessures et les outrages s'expient seulement par des amendes : 100 panas si la peau est déchirée ; 6 nichkas si la chair a volé en lambeaux ; amendes de second ou de troisième degré pour une plaie à la main, au pied, etc. ; amende de second degré pour blessures aux animaux, amendes de 100, 150, 1,000 panas pour les injures ; quelque fois cette peine atténuée n'existe qu'au profit du brahmane qui, en cas de viol, en est quitte pour 1,000 panas ; les attentats à la pudeur entraînent une amende de 600 panas. Les Chinois pratiquent un système très singulier et qui rappelle davantage le principe de composition pécuniaire envers la société. Les châtiments sont des peines corporelles, mais on peut s'en racheter en payant des amendes ; il est vrai qu'il faut obtenir auparavant des lettres de grâce, mais il n'y a là qu'une pure formalité ; le tarif du rachat est fixé d'avance, il varie suivant le sexe et la position sociale. Avec un dixième d'once d'argent la femme rachète dix coups de bambou, tandis qu'un homme doit payer sept onces et cinq dixièmes.

Cependant le tarif est d'autant plus élevé que la situation du coupable est plus haute. Un mandarin du quatrième rang paie 12,000 taëls pour se racheter de la strangulation ; un docteur ès-lettres ne paie que 2,000 et un particulier 1,000. Un mandarin au-dessus du quatrième rang paie pour se racheter du bannissement perpétuel 7,200 taëls ; un mandarin de septième rang 1,500 et un particulier 720. Le rachat ne s'applique pas à tel délit, mais à telle peine, l'amputation du nez se rachète pour 200 hoan, celle des pieds par 500 ; la castration par 500 et la peine de mort par 1,000. A côté de ce remplacement, il en est un autre qui rappelle assez bien le remplacement militaire jadis en vigueur chez nous. On peut faire subir sa peine par un autre ; si les parents d'un condamné à mort sont assez riches pour payer 500 francs, il trouvera facilement quelqu'un qui pour enrichir sa famille consentira à se laisser exécuter. Ces faits sont curieux ; nous les rappelons ici pour bien montrer qu'il existe, sous forme d'amende, une compensation pécuniaire au profit de la Société ; elle a de nombreux inconvénients pratiques, mais elle dégage bien le principe. De même chez les Touaregs du Sahara à Tessaoual, le système des amendes est général. En cas de meurtre tous les biens sont confisqués, mais les coups sont punis d'une amende de 10,000 kourdis, le fait d'avoir procréé un enfant naturel de 100,000.

Le second point est la libération de la peine par l'*amendement spontané*. En effet, la punition infligée par la Société a pour but principal cet amendement, comme moyen le plus sûr de garantie pour l'avenir ; s'il est fourni, la punition devient inutile. Reste, il est vrai, le point de la restitution ; aussi cette restitution est-elle quelquefois exigée, mais pas toujours. L'amendement du coupable entraîne le pardon de la Société qui prend ici le nom spécial de grâce, tandis que le pardon de la Société lésée directement porte celui d'amnistie. Cette grâce peut intervenir à divers moments ; tantôt avant qu'aucune peine ait été subie, en raison du repentir immédiat réel ou supposé, tantôt au milieu de l'exécution de la peine, parce que cette exécution a fait naître le repentir. Elle peut être totale et partielle, et consister même en une simple commutation ; enfin elle est pure et simple, ou conditionnelle. Elle n'émane pas des tribunaux, mais du chef de l'État. Il est certain qu'en pure théorie, la Société a droit de remettre la peine quand l'amendement du coupable l'a rendue inutile au point de vue de la sécurité de l'avenir. Mais en pratique l'exercice de ce droit dégénère en pure faveur ; il a aussi l'inconvénient d'empiéter sur l'autorité de la chose jugée. Il présente enfin l'injustice encore plus grave de sacrifier très souvent les droits de la victime, car on n'exige pas que celle-ci ait été indemnisée, et en cas d'indemnisation impossible, on la prive de ce qui lui reste, la satisfaction de la réaction naturelle par équivalence.

7° Conflit entre la réaction de l'individu lésé et celle de la Société.

Nous avons vu que la réaction de l'individu s'est presque effacée, et qu'il n'en est resté que la composition pécuniaire devenue l'action civile en dommages-intérêts. Au contraire, la réaction sociale a grandi et a fini par englober tous les délits ; elle a le monopole de l'application de la peine proprement dite. Cette évolution a été si complète qu'on a prétendu que l'individu s'était dessaisi entre les mains de la Société de tout son droit pénal, ne conservant qu'un droit civil ; seulement en fait, quand la Société n'exerce pas ce droit pénal ou l'exerce mal l'individu en reprend momentanément et nécessairement, quoique illégalement, l'exercice.

Nous avons dit que cette cession supposée n'a jamais existé, que, si la Société exerce l'action pénale pour les crimes contre les particuliers, c'est qu'elle est indirectement lésée, et qu'il n'y a pas lieu par les citoyens de reprendre un exercice qu'ils n'ont jamais cédé, qu'ils n'ont jamais non plus abandonné et qui est seulement tombé en désuétude.

Mais cependant la Société ne doit pas diriger son action pénale de manière à nuire à la victime, ce serait une violation de ses devoirs, et c'est cependant ce que souvent elle fait, par exemple, quand elle accorde sa grâce si la victime n'est pas indemnisée, quand elle atténue la peine outre mesure, quand elle ne prononce qu'une condamnation conditionnelle qui n'aura aucun effet en cas de non répétition ultérieure du même acte, quand elle concède une immunité dans son propre intérêt. Dans tous ces cas, elle enlève à la réaction individuelle ce qui lui était laissé. Cette atteinte est bien plus grave encore lorsque le coupable est insolvable, car c'est alors l'action en dommages-intérêts qui elle-même ne reste plus intacte.

Les législateurs contemporains, et surtout la science criminologique et pénologique contemporaine, ont souvent sacrifié la réaction individuelle à la réaction sociale, en laissant celle-ci ne se préoccuper que d'elle-même et en substituant tout à fait à la *vergeltungs-strafe* la *zweck-strafe,* qui est uniquement au profit social et à celui du condamné.

Le conflit éclate surtout dans la mesure de la condamnation conditionnelle. Il s'agit, par exemple, de coups et blessures graves portées par un insolvable. L'auteur est très coupable, mais n'a pas subi de condamnations antérieures. Il ne répare pas le dommage et d'ailleurs ne le pourrait point. Cependant, la société ne prononce contre lui qu'une peine morale. Il est vrai, il en résulte une *zweckstrafe* suffisante, car si le même individu est l'auteur d'une nouvelle agression

avant un délai de cinq années, la peine prononcée sera subie; mais où
est l'exécution proprement dite consistant en la réparation par équivalent? Elle est nulle; la victime demeure avec les coups reçus qu'il lui
faut avoir subis et déguster en silence. Le dernier mot reste à l'homme
brutal. Aussi cette institution, excellente en elle-même, n'étant soumise
à aucune condition en ce qui concerne le dommage éprouvé, peut avoir
de ce côté de déplorables effets; la réaction sociale étant annulée, la
réaction individuelle sanglante peut se faire jour de nouveau.

La réaction sociale doit donc se préoccuper de laisser une part légitime à la réaction individuelle, surtout dans les pays où elle s'en
charge elle-même. Que si elle voulait agir tout à fait librement et travailler uniquement à l'amélioration du coupable, qu'elle considérerait
comme un simple malade, elle ne pourrait le faire qu'en désintéres-
sant d'abord la personne lésée, c'est-à-dire en lui payant les dommages-intérêts qui lui sont dûs, sauf son recours contre le condamné.
Nous développerons plus loin cette idée. Mais tant que la personne
lésée, en présence d'un insolvable, n'a pas d'action civile efficace, la
société n'a pas le droit de faire grâce malgré la victime.

8° Réaction cosmosociologique de la part de la divinité.

Nous avons ailleurs expliqué ce qu'il faut entendre par la cosmoso-
ciologie. C'est la science de la société existant non seulement entre les
hommes, mais entre eux et tous les êtres cosmiques qui se résument
pratiquement dans la divinité. Eh bien! si la société humaine peut se
trouver lésée directement ou indirectement par le crime qui s'attaque
à elle ou à l'un de ses membres, la divinité représentant la société de
tous les êtres peut aussi se sentir lésée par l'attaque contre elle-même
ou indirectement par celle dirigée contre un des êtres du monde; d'où
dérive une réaction pénale de sa part. Cette réaction peut être directe
ou indirecte; nous distinguerons les deux cas.

a) Réaction en cas de lésion directe.

Dans toute religion une attaque peut être faite soit à la divinité
elle-même, soit à ceux qui la représentent visiblement, soit aux lieux
ou aux cérémonies du culte; ces attaques portent le nom générique de
sacrilège. Elles sont punies de deux manières, soit par des peines de
for intérieur, excommunication, pénitence, etc., ce qui ne nous intéresse pas ici où il ne s'agit que de la criminologie sociale, soit par des
peines de for extérieur ou ordinaires, lorsqu'il y a, comme presque

toujours, alliance entre le pouvoir spirituel et le pouvoir temporel et que les Églises réclament l'appui du bras séculier.

La divinité, chef de cette société supérieure, se défend à son tour soit pour le présent, soit pour l'avenir, afin d'empêcher le retour de ces attaques, et elle cherche à rétablir l'état ancien en réparant le mal par le mal. De là, la vengeance divine qui vient se surajouter à la vindicte publique et à la vengeance privée. Cette vengeance est d'ailleurs un des résultats de l'anthropomorphisme. Dans l'Ancien Testament on peut en relever de nombreux exemples : Jehovah venge soigneusement chaque injure qui lui est faite par le peuple d'Iraël, surtout celle qui consistera en adoration des dieux étrangers.

Cette réaction divine s'applique à tous les actes d'impiété compris sous la dénomination de crimes de lèse-majesté divine. Du reste, ces crimes sont en étroite connexion avec les crimes politiques, ceux de lèse-majesté humaine ; ce qui se comprend, puisque le monarque était quasi divinisé, et représentait chez beaucoup de peuples la divinité. Chez les Hébreux le crime de rébellion contre Dieu est le plus grave des crimes ; il faut ranger dans cette catégorie le culte des images, l'idolâtrie, la violation du sabath, le blasphème, la fausse prophétie, la magie, la violation de la loi lévitique ; en cas d'apostasie d'une ville entière, tous les habitants sont passés au fil de l'épée. A Athènes, le sacrilège était mis à mort, ainsi que le traitre à l'État, et leurs biens étaient confisqués ; il en était de même de la profanation des mystères et de la magie. Des villes pouvaient être rasées pour crime contre la religion ; celle de Cirrha ayant pillé le temple d'Apollon à Delphes fut excommuniée par la Pythie et détruite. A Rome, l'introduction de nouvelles doctrines était un crime d'État. Chez les Germains, les crimes contre l'Église étaient assimilés à ceux contre les Rois, mais c'est particulièrement la personne des membres du clergé qui est protégée, la composition est plus forte lorsqu'ils ont été les victimes. Les obligations religieuses sont sanctionnées, par exemple, le repos dominical. Au Moyen-Age, en France, les crimes religieux punissables sont très nombreux ; Charlemagne punit de mort celui qui mangeait de la viande en carême ; les hérétiques sont mis hors la loi et brûlés vifs ; le blasphémateur a la langue percée d'un fer rouge. La Chine connait aussi les crimes de lèse-religion, surtout la magie ; le sorcier est condamné à la strangulation, la peine capitale est prononcée en cas de vol d'ustensiles sacrés, d'objets employés dans le culte. Chez les sauvages eux-mêmes, le crime de sorcellerie est établi.

On a dit, avec raison, que le crime religieux devait être effacé des

Codes; en effet, pour les non-croyants, il n'existe pas, et pour les croyants il doit être puni, mais au for intérieur seulement; l'ingérence de la société civile et de la société religieuse dans le domaine l'une de l'autre est abusive et illégitime. Seulement, quand l'acte irréligieux est une atteinte à la liberté des membres d'une religion, on les outrage en outrageant l'objet de leur culte, on doit en être puni, ce qui est bien différent. Mais au point de vue historique, on comprend qu'il en ait été autrement. D'ailleurs, l'acte incriminé, le blasphème, par exemple, était quelquefois une insulte aux personnes religieuses quand il s'accomplissait en leur présence. D'un autre côté, il y avait peu d'incroyants et même de dissidents. Il s'opérait donc une véritable réaction religieuse de blâme et d'indignation de la part des croyants, indignation qu'ils attribuaient à la divinité elle-même. La répression tendait à la conversion, comme, dans les autres réactions, elle tend à l'amendement. Ce qui est singulier, c'est que ce n'était pas son but principal; celui-ci consistait à venger Dieu, comme si une divinité toute puissante a besoin d'être vengée; on croyait lui faire une œuvre agréable, en accomplissant cette vengeance.

b) *Réaction en cas de lésion indirecte.*

Ce cas est beaucoup plus curieux encore à étudier. Il s'est passé ici pour la société divine ce qui avait eu lieu pour la société humaine, la transition du direct à l'indirect. La société divine cherche d'abord uniquement à se venger et à se défendre quand elle est directement attaquée; puis elle estime que certains crimes, sans la viser elle-même, la lèsent pourtant d'une façon indirecte, soit qu'ils été aient commis par l'auteur contre lui-même, ce qui échappe à la juridiction humaine, soit qu'ils l'aient été d'homme à homme, mais contre des vertus que la religion protège spécialement. A la rigueur, la société divine pourrait se dire lésée par tous les crimes, car qui délinque contre son prochain pèche contre Dieu. Mais la juridiction humaine s'en charge, en général, suffisamment. Ce qu'elle réprime mal ou pas du tout, ce sont certains actes qui avilissent l'homme sans faire de tort à autrui, ce sont ceux-là qu'elle considère comme dirigés contre elle-même. Il s'agit surtout des crimes contre la morale. La loi pénale ordinaire ne les réprime le plus souvent que quand ils sont accompagnés de violence ou qu'ils ont des victimes inconscientes; la loi religieuse atteint même les autres cas, ce qui lui taille un large domaine pénal. En outre, chacun des dieux a souvent une attribution spéciale; il est la personnification d'une vertu. Il en résulte qu'il n'y a pas double emploi entre le crime religieux, même indirect, et le crime civil. Seulement la religion ne se contente pas d'infliger ses peines propres, excommunication, refus des sacrements et autres, elle applique aussi les peines de droit social en empruntant le bras séculier. En outre, elle étend le domaine de sa juridiction, en englobant les crimes de droit commun commis soit par les ecclésiastiques ou contre eux, soit dans les lieux sacrés, mais ce qui concerne la juridiction ne nous intéresse pas en ce moment.

La réaction religieuse, soit par ses peines de for intérieur, soit par celles de for extérieur, tantôt se superpose à la réaction sociale pour la corroborer, tantôt y supplée. Dans tous les cas, elle est fort curieuse à étudier, et nous en citerons quelques exemples chez les différents peuples.

Mais nous devons d'abord noter ce fait très caractéristique que la *réaction divine* invoque la même *solidarité*, que longtemps invoqua la *réaction individuelle*, et même parfois la *réaction sociale*. Quand un crime lèse la divinité, soit directement, soit indirectement, ce n'est pas le coupable seul qui doit payer la punition, mais, à son défaut, toute la nation à laquelle il appartient. Seulement cette réaction ne s'accomplit pas alors toujours d'une manière visible, appliquée par une Église ou le pouvoir civil à son aide, mais souvent d'une façon invisible, par le malheur dont la nation est accablée. Il n'est qu'un seul moyen d'apaiser cette colère, c'est d'expier le péché commis; cela peut s'effectuer de plusieurs façons; le plus simple est de sacrifier le coupable au dieu irrité; c'est l'expiation par le sacrifice humain; quelquefois, si le délit n'est pas grave, on peut immoler à sa place un mouton ou un porc; c'est ce que font certains aborigènes de l'Inde. Sans cela, il faudrait être puni pour le coupable, et puni largement; la divinité ne serait contente qu'après l'immolation d'un certain nombre de victimes. Dès lors, on aura soin d'offrir à Dieu le criminel, lorsqu'il doit être mis à mort en raison de la gravité du crime, et quoiqu'il ne s'agisse pas d'un crime spécialement religieux; dès lors aussi naît l'idée de l'expiation proprement dite, qui n'est au fond que celle de la réaction divine, et dont le concept se substitue peu à peu à celui des autres réactions. C'est cette idée d'expiation qu'on a souvent confondue à tort avec celle de vengeance privée ou même de vindicte publique, c'est la vindicte divine. Aussi tous les criminels condamnés à mort sont non pas simplement exécutés, mais sacrifiés aux dieux. Chez les Scandinaves, la décapitation avait lieu sur la pierre des sacrifices, la noyade dans un marais sacré. La loi frisonne faisait de la mort un sacrifice religieux.

Tout ce qui provenait de l'homme criminel portait malheur ; tout ce qui provenait du criminel immolé portait bonheur ; la première de ces idées fait que la maison du criminel doit être rasée ; la seconde, que le sang des suppliciés est une boisson qui soulage dans les maladies graves. L'étymologie du mot *supplicium* indique l'origine du sacrifice. Au Dahomey, on fait des sacrifices tous les ans ; on réserve pour cela, avec les prisonniers de guerre, tous les criminels condamnés dans l'année. Il en était de même à Athènes et chez les Ioniens la veille de certaines fêtes.

Voici maintenant les crimes qui offensaient indirectement la divinité. Au Mexique, l'ivrognerie, la sodomie étaient punies de peines atroces : le pédéraste était pendu ou brûlé vif ; les jeunes femmes adonnées à l'ivresse étaient lapidées. A Tlascala, il y avait, à côté du tribunal du roi le tribunal de Dieu ; le pédéraste se voyait arracher les entrailles qu'on brûlait devant lui. En Egypte, pour avoir inventé des danses nouvelles, on était puni comme ayant commis des impuretés. La loi chinoise réprime non seulement la pédérastie, l'adultère, le proxénétisme de peines graves, mais aussi la simple débauche et même une simple correspondance amoureuse. Chez les Kabyles, sous la même influence, la répression des actes contre les mœurs est très rigoureuse. En Arabie, le Koran a fait des crimes contre les mœurs de véritables offenses à Dieu ; il punit la simple débauche. Il n'est pas étonnant que les Hébreux soient entrés dans cette voie. L'adultère est passible de la peine du feu ou de la lapidation ; l'inceste, la pédérastie, la bestialité sont aussi prévus par la loi pénale. Mais c'est surtout dans le christianisme au Moyen-Age que l'Église a revendiqué comme étant de son ressort le plus grand nombre de crimes. Elle le fit d'abord pour tout ce qui influait sur le mariage, celui-ci étant de contrat devenu sacrement ; par là tous les crimes sexuels lui furent peu à peu déférés, l'inceste, le rapt, le viol, mais sa juridiction s'étendit beaucoup au delà sans avoir de limite précise.

De nos jours, certains codes comme le nôtre s'étant entièrement laïcisés ont exclu tous les crimes qui ne lèsent pas les droits de l'individu ou de la société, et par cela même ceux contre les mœurs que nous venons d'indiquer, en outre, le suicide que quelques lois religieuses avaient fait incriminer. Pour agir ainsi, ces législations invoquent un autre motif, la crainte du scandale qui avait de graves inconvénients et celui de recherches inquisitoriales ; malgré ces raisons beaucoup de codes étrangers ont continué d'incriminer ces faits.

Telle est la réaction de la société religieuse indirectement lésée; on voit la portée et les causes de cette réaction; quoiqu'elle tende à disparaître, elle a sa place marquée dans le développement de l'évolution pénale.

Elle a laissé, d'ailleurs, même en disparaissant, dans l'ensemble du droit pénal l'idée de *l'expiation,* c'est-à-dire de la punition du mal en soi, non à cause de la lésion faite à l'individu ou du danger causé à la société, mais pour son intention mauvaise, pour le péché que contient tout délit. Au fond le mal en soi ne se punit que parce qu'il déplaît à Dieu, et tel est le point de départ de la réaction divine, mais il se confond ensuite avec le motif de la réaction psychologique que nous allons bientôt décrire. D'ailleurs, si Dieu peut réagir, c'est à lui de le faire, et non à une autorité humaine à sa place, puisque l'on enseigne qu'il a placé ses sanctions outre-tombe, et s'il veut réagir de suite, il a les moyens d'opérer lui-même sans que l'homme ait à l'y aider. Mais l'intolérance même empêchait de percevoir une vérité si claire.

Cependant, de même que le péché peut être remis, de même que le crime individuel ou social peut être pardonné, il en est ainsi de la réaction divine. Elle peut être arrêtée par l'ayant-droit devant le repentir du coupable ou moyennant une compensation de sa part.

9° *Réaction de la part des sociétés particulières.*

Ici nous entrons dans un ordre d'idées nouveau et qui n'a pas, que nous sachions, encore été touché au point de vue sociologique. La réaction individuelle est doublée d'une réaction de la société composée des citoyens *ut singuli* ou *ut universi*, en d'autres termes, du public ou de la société, mais il s'agit de la société générale formant la famille, la tribu ou l'État, société ethnique et territoriale à la fois, embrassant l'ensemble des rapports sociaux. Mais à côté il se développe des sociétés particulières, religieuses, industrielles, le plus souvent professionnelles où naissent des intérêts communs. Chaque membre de cette société est tenu envers elle, et celle-ci envers chaque membre, d'obligations nouvelles, plus strictes, plus sociales que celles qui existent dans la société générale, et leur violation constitue une infraction et cause une réaction. Bien plus, les fautes des membres, soit envers les autres membres de cette société particulière, soit même envers les étrangers, lèsent indirectement cette société et celle-ci réagit pénalement. Les peines prononcées sont moins fortes en général que celles ordinaires, elles sont morales et consistent en amendes, la plus forte est l'exclusion temporaire ou définitive de cette société. Il n'est pas jusqu'à la réaction *ut singuli* qui ne s'y produise, elle se révèle par une quarantaine, par une mise morale hors de l'agrégat.

Nous avons mentionné la réaction *disciplinaire* qui comporte les mêmes distinctions que la *réaction pénale*. Mais l'honneur est ici plus délicat, la perfection plus grande. Bien des infractions qui seraient impunies dans la société ordinaire sont punissables dans celle-ci ; en matière de probité, par exemple, la simple indélicatesse. D'autre part, les juridictions y sont internes. L'associé ne peut être jugé que par les autres associés ou leurs délégués.

Quelles sont les sociétés ainsi contituées, et qui se forment une justice disciplinaire ? Ce sont, en général, toutes sociétés, même purement conventionnelles. Il est vrai qu'elles n'imposent pas des obligations aux associés et qu'elles ne 'les sanctionnent pas par des amendes perçues au profit de la communauté. Les amendes sont prononcées par les organes de la société.

Mais il s'agit surtout de sociétés naturelles, quoique cette qualité n'exclue pas les conventions. Il importe de citer ici les plus importantes.

Ce sont d'abord les sociétés religieuses croisant les sociétés civiles, mais ayant encore un caractère de généralité, ce sont les Églises. Chaque confession reconnaît des infractions ouvrant des sanctions de plusieurs sortes, d'abord celles de pur for intérieur qui amènent des pénalités d'outre-tombe, elles ne concernent pas notre sujet, puis les sanctions temporelles, applicables à l'Église et par l'Église visible. Ce sont les peines canoniques. Elles consistent surtout dans l'exclusion de cette société, c'est-à-dire dans l'excommunication, l'interdit, les pénitences publiques. Il ne faut pas les confondre avec une troisième sorte de peine, celles appliquées par le bras séculier et qui comprennent les offenses faites à la divinité. Le droit canonique pénal règle la discipline religieuse.

Mais il est dans le sein des Églises deux actions disciplinaires qui se resserrent de plus en plus. La première s'applique au clergé seul. Celui-ci est soumis à des obligation spéciales par des vœux dont la violation entraîne une peine ; il a, en outre, des obligations professionnelles, dont la violation est une offense au corps spécial.

Enfin dans le sein même du clergé, il existe d'autres collectivités plus restreintes, mais soumises à une discipline plus sévère, ce sont les ordres religieux. On y contracte des obligations nouvelles, obligations sanctionnées au for intérieur, ce qui se rattache à un autre ordre d'idées, mais aussi au for extérieur canonique.

Les *trois sociétés religieuses*, en cas d'infraction contre elles, ou d'un membre à l'autre, réagissent pénalement d'une manière disciplinaire contre le coupable, et le maximum de la réaction doit être l'exclusion avec restitution des biens. La peine est abusive quand l'exclusion n'est pas accompagnée de restitution, ou quand il s'agit de peines plus graves.

Une société très importante quant à ses réactions pénales est la société *militaire*, elle se crée même partout un code pénal spécial qui quelquefois rivalise avec celui de droit commun. Il faut y distinguer les crimes et délits ordinaires qui ne sont modifiés que quant à la juridiction compétente, et les délits purement militaires, ces derniers seuls sont à considérer ici.

La réaction est plutôt disciplinaire que pénale, quoiqu'elle ne porte pas ce nom; elle se distingue par sa sévérité exeptionnelle. La juridiction est interne : le militaire est jugé par les autres membres de l'armée, et dans une certaine mesure, par ses pairs, il est aussi exécuté par des camarades réunis en peloton d'exécution. Il en est de même dans la marine de l'État : code spécial, juridiction spéciale, exclusion des circonstances atténuantes dans les pays qui les admettent d'ordinaire.

Il existe aussi dans les armées une discipline au second degré. Il s'agit des manquements *à la discipline* qui ne pourraient constituer des délits et qui n'ont pas besoin de donner lieu à un jugement. A côté de l'emprisonnement militaire se trouve l'emprisonnement disciplinaire proprement dit, infligé par le chef de corps.

Dans tous pays, les magistrats, les autres fonctionnaires, les députés sont soumis à une discipline spéciale, il s'agit le plus souvent d'infraction à l'honneur ou à la délicatesse qui pour les autres citoyens échappent à la répression. La plus forte peine est toujours l'exclusion temporaire ou perpétuelle, la moins forte est le rappel à l'ordre ou la réprimande; dans tous les cas il y a réaction pénale. Les juridictions sont spéciales et intérieures. En France, par exemple, il existe un conseil disciplinaire de la magistrature composé de magistrats supérieurs et qui seul peut faire brèche à l'inamovibilité.

Cette réaction disciplinaire existe aussi pour ceux qui ne sont qu'à demi fonctionnaires, ou même qui ne le sont pas du tout, mais exercent des fonctions libérales, comme les notaires en France, les avocats partout, et enfin les avoués, les huissiers, etc. Chacun de ces corps possède une Chambre de discipline qui réprime les infractions aux règles de la délicatesse les plus légères. Il faut remarquer que des tiers eux-mêmes peuvent saisir d'une plainte et prendre la Chambre pour arbitre.

Enfin elle s'étend aux sociétés entièrement privées, surtout à celles qui ont une certaine importance, les Sociétés des chemins de fer, de navigation, de mines, où elles s'exercent par des retraits ou des suspensions d'emploi et des amendes.

L'action disciplinaire forme la réaction sociale la plus faible, mais elle s'étend bien au delà de la sphère ordinaire des réactions, et est sensibilisée par les moindres atteintes. Elle a les mêmes moments d'ailleurs que les autres réactions, celui de la légitime défense exercée sous forme de mesures préventives, celui de réparation directe ou par équivalent, celui enfin de sécurité pour l'avenir.

Il ne nous reste plus qu'à étudier une dernière réaction, celle du coupable lui-même, après l'infraction par lui commise.

10° *Réaction de la part du coupable.*

Il peut paraître singulier que l'action coupable du délinquant puisse donner lieu à une réaction, non seulement de la part des personnes directement ou indirectement offensées, mais de la part de lui même. C'est que l'action une fois produite par lui devient indépendante de lui et par conséquent peut produire sur lui ses effets, il est devenu, en un sens, étranger à cette action. Ce qui est plus singulier encore, c'est que, comme nous allons le voir, elle lui confère certains droits. En effet, cette réaction se produit tant à son détriment qu'à son profit.

a) *Réaction du crime contre le coupable.*

Ce n'est que le criminel endurci, ou si on le préfère, le criminel-né qui devient indifférent à son crime, et même, s'il en évite ainsi les effets sensibles, il ne pourrait se soustraire aux effets mécaniques applicables à tous. Sur les autres, l'acte, le Karman, comme l'appellent les Indous, a des résultats immédiats ou à longue échéance.

Le premier de ses résultats est purement *mécanique*, c'est d'entraîner à un crime nouveau. *Un seul acte est un commencement* d'habitude; deux constituent une *habitude formée;* et on sait que l'habitude est sensible même physiologiquement, elle entraîne une modification des tissus; l'idée du crime commis revient à l'esprit et le suggestionne, il forme une image comme en un miroir, surtout s'il s'agit du même acte criminel, il prédispose aussi à la criminalité générale. En ce sens, l'acte engendre l'acte semblable et empêche l'acte contraire. Il y a une filiation véritable entre les actes. Le législateur contemporain l'a compris et essayé de réagir artificiellement en sens contraire en tenant compte de la récidive et surtout de la spécifique. La première indique en effet, surtout l'incorrigibilité, mais la seconde l'état suggestionnel qui y conduit, car à un certain moment une suite d'actes, de Karman, finit par en entraîner d'autres irrésistiblement.

C'est sans doute déjà une peine, au sens moral, d'être poussé désormais plus fortement vers le mal, d'avoir besoin de plus de résistance pour ne pas succomber de nouveau, et de sentir ou d'avoir son potentiel moral infériorisé. Mais le crime produit des conséquences autres que sa propre reproduction. Il en entraîne d'abord de physiques, la débauche a pour résultat l'impuissance ou diverses maladies; l'ivresse agit sur la santé; la paresse rend incapable de travailler; ces effets physiques n'atteignent pas l'auteur seul, mais aussi sa postérité, et souvent celle-ci plus que lui-même; l'alcoolisme agit surtout sur les descendants, chez lesquels il cause la dégénérescence et diverses infirmités. A côté des effets physiques se placent les effets psychologiques; l'esprit est affecté par les vices de diverses sortes, dérivés ou amoindris, mais il l'est d'une manière plus spéciale par le remords qui forme une réaction naturelle du crime. Cette réaction pourrait quelquefois servir de peine suffisante. Le criminel occasionnel surtout l'éprouve vivement; il ne peut supporter l'image de sa victime et quelquefois croit la voir par hallucination comme dans Macbeth l'ombre de Banco; il éprouve, si le crime est caché, le besoin de le dévoiler à tous; il ne peut même pas jouir en paix du fruit de son action. Le remords naît surtout de la réaction de la justice qu'on a un instant contrainte, mais qui revient, comme un ressort élastique. Il est vrai que le criminel endurci peut l'étouffer, mais il subit alors une autre peine psychologique ou plutôt une réaction psychologique, aussi vive, c'est la peur que l'acte coupable ne soit découvert et puni; on peut en lire une longue description dans *Crime et châtiment* de Dostoievsky. Cette peine peut égaler un long supplice; elle force, en outre, souvent à la fuite ou à l'éloignement. Enfin il existe des effets sociologiques internes résultant de la désapprobation des concitoyens et de leur aversion, même quand il n'existe pas d'autre peines.

Ces effets internes ont ceci de remarquable qu'ils sont seuls souvent applicables à certains délits devant lesquels la justice sociale s'arrête, à ceux que l'on commet contre soi-même. Les actes qui dégradent l'homme sans nuire aux autres ni à l'ensemble de la société, certains actes immoraux, échappent au Code pénal; ils échappent aussi pour

de l'autre. En vertu de la solidarité familiale, à la fois active et passive, le clan de l'offensé prend fait et cause pour lui, de même le clan de l'offenseur prend malgré soi le fait et cause de l'offenseur. Il ne peut se libérer de cette responsabilité qu'en abandonnant l'offenseur à l'autre clan. La responsabilité des communes qui fut édictée en France par la loi de vendémiaire était une trace de cet état.

3° *Réaction du membre d'une collectivité contre cette collectivité.*

La collectivité a le droit de gouverner les individus qui en font partie et si l'un d'eux ou plusieurs se révoltent contre elle, il y a là un *crime politique* contre lequel la collectivité réagit, nous examinerons cette réaction sous la rubrique suivante. Mais la collectivité peut commettre des excès de pouvoir, elle se permet souvent des actes tyranniques, contre la liberté individuelle, celle de conscience ou de culte, usurpe les droits de la famille, devient arbitraire et attente même à la sécurité et à la vie. Ces injustices peuvent être commises soit par des monarques, soit par des aristocraties, soit par des assemblées populaires. L'individu n'est pas tenu d'obéir, mais, comme ce refus passif ne ferait qu'entraîner de nouvelles persécutions, il passe à la résistance active, à la rébellion, et s'il peut acquérir des adhérents, à la *sédition*, suivant les cas, à l'insurrection, à la *révolution*. Il peut réussir, changer la forme du gouvernement et amener une classe nouvelle au pouvoir; il peut échouer, et la Société oppressive triomphe, jusqu'à ce que la force de l'oppression amène une rébellion plus vigoureuse. Dans tous ces cas, il y a *réaction individuelle* et *réaction pénale* contre la collectivité, et cette réaction est légitime. Le seul point à considérer, c'est la question de savoir si la collectivité a commis un abus grave, une oppression réelle, car dans ce cas il y a crime, et contre le crime la réaction pénale est légitime toujours. La manifestation de cette réaction n'est point ce qu'on appelle la *vendetta*, mais la *révolte*. Elle suit les mêmes phases que la réaction d'individu contre individu. D'abord, l'individu opprimé par la collectivité se défend, il résiste même par les armes à l'acte injuste qu'on veut accomplir; puis, si cet acte injuste s'est réalisé contre lui, l cherche à rétablir la situation dans l'état précédent par équivalence, ssayant d'infliger aux représentants de la collectivité le même dommage qu'ils lui ont fait; enfin, s'il triomphe, il s'efforce d'empêcher pour l'avenir le retour de pareils faits, c'est ce qu'il obtient par les révolutions.

Une *réaction sociale* pourrait-elle *se substituer* à cette réaction indivi-

les non croyants à la sanction religieuse, mais ils se trouvent atteints par la sanction psychologique, ou physiologique, par exemple, la débauche, l'ivrognerie; de même, le jeu qui ouvre, il est vrai, une nouvelle sanction, la sanction économique, de même que la paresse et la débauche. D'autre part, le suicide est rarement puni par la loi positive, mais il l'est ici soit par le blâme qu'il excite, soit par sa répercussion contre la famille. La sanction intérieure, réaction chez le coupable, comble donc les lacunes des autres réactions.

Ce qui est curieux, c'est *la fonction mécanique du remords* : il n'est pas besoin de lui trouver des racines métaphysiques. De même que l'action du crime se forme souvent par autosuggestion, de même le remords toujours; il s'affine peu à peu, mais il a une base physique, et l'on pourrait distinguer deux sortes de remords, le remords physique et le remords intellectuel. Le premier a été bien isolé et décrit dans un roman contemporain : « Thérèse Raquin ». C'est dans le cas du meurtre surtout qu'on peut le constater. L'image du mort devient obsédante, et il naît un sentiment ou plutôt une sensation mixte, moitié de pitié, moitié de terreur. Ce n'est pas alors la justice humaine qui nous poursuit, ni même la justice divine, mais la vengeance privée de l'homicidé qui nous menace, il semble qu'il ait la puissance de nuire. Pour les autres délits la terreur de ce genre disparaît, la pitié survit, à moins de dépravation, et le remords se sublime, mais tout le monde n'en est plus capable, et cela dépend de la délicatesse de la conscience. Quelquefois cette délicatesse devient excessive ou trop timorée et le remords se change en scrupule qui constitue un état pathologique de l'esprit.

Le remords conduit au repentir, à l'examen duquel nous arrivons.

Enfin une dernière réaction de la part du coupable, c'est la *réaction contre la peine*, la *réaction contre la réaction*. Elle peut être légitime ou illégitime. Si elle est illégitime, elle conduit à la perpétration d'un nouveau délit. Le criminel vient de tuer ou de blesser gravement sa victime : un tiers intervient pour porter secours. Le criminel se tourne contre lui et commet un nouveau meurtre.

b) *Réaction du crime au profit du coupable.*

La peine, d'où qu'elle vienne, est une réaction, mais dans l'état primitif cette réaction consiste dans un nouveau crime, le meurtre est vengé par le meurtre; ce second crime, quoique réactionnel, au lieu d'être actionnel, appelle à son tour un nouveau meurtre, et ainsi sans fin. Il est vrai que plus tard la réaction pénale étant civilisée et réglementée, la succession des crimes se trouve arrêtée, mais elle l'est socialement, non naturellement, et dans la sphère de la vengeance privée, si la réaction dépasse de beaucoup l'action, cette réaction, pour l'excédent, donne lieu à une contre-réaction à son tour : les excès de la légitime défense ouvrent une légitime défense contraire. Il en est de même lorsque la punition est infligée par la Société ; si cette punition est hors de toute proporiion avec le délit, le coupable a le droit de la repousser et en tout cas en partie de réagir à son tour, de se mettre en révolte contre une société draconienne. L'homme mis hors la loi, s'il se réunit à d'autres dans la même situation, pourra organiser le brigandage.

Mais telle n'est point la seule réaction au profit du coupable. Une réaction tout autre peut se produire ; c'est son repentir vis-à-vis de la personne lésée, son amendement véritable vis-à-vis de la société. Ce *repentir* peut être de deux sortes : *objectif* ou *subjectif*. Le premier se double de la réparation du mal commis, le second se borne au repentir seul, par l'impossibilité fréquente de réparer. Enfin un autre repentir peut résulter envers la Société d'actions particulièrement vertueuses qui peuvent compenser l'action criminelle. Dans tous ces cas, cette réaction du coupable influe sur celle de la société, en ce sens qu'elle doit lui faire obtenir soit l'abolition, soit la diminution de la peine ; elle doit surtout en faire écarter l'effet perpétuel. Le coupable a droit à ne pas être totalement découragé, et à ce qu'il lui soit possible de s'amender ; c'est l'argument le plus sérieux contre la peine de mort, dont la légitimité théorique n'existerait en tout cas que contre l'incorrigible.

C'est ainsi que s'engendrent sans cesse, dans le monde pénal comme dans le monde physique, les actions et les réactions incessantes, réactions qui ne viennent pas seulement de la personne lésée et du coupable, mais de tout le milieu ambiant indirectement atteint ; ce sont des ondes sonores qui se forment et se rencontrent en tous sens. Telle est l'origine mécanique de la punition qui d'un simple fait peut devenir subjectivement un droit ou même un devoir, mais qui objectivement ne sera jamais qu'un processus naturel et automatique.

B. — *De la réaction prémiale.*

Nous venons d'examiner en détail les actions et les réactions pénales qui résultent de l'acte coupable. N'en existe-il pas d'analogues quand il s'agit d'un acte vertueux dépassant les limites de l'obligation, de l'acte héroïque, ou même de celui qui contient un *mérite surérogatoire*, pour emprunter au langage ancien une expression très précise. Si

la personne lésée se défend et se venge, la personne favorisée qui
reçoit un bienfait ne devra-t elle pas remercier et témoigner ensuite à
l'occasion une reconnaissance effective? Sans doute, dira-t-on, mais
il y a là une simple faculté, non une obligation et, en tout cas, point
une obligation que la société doive sanctionner, le bienfait est
gratuit ou il ne serait pas une vertu. Il faut répondre que la peine qui
frappe l'action mauvaise n'est à l'origine ni une obligation, ni un
droit, mais un simple mouvement réflexe, que ce n'est qu'en s'affinant
qu'elle est devenue davantage. Il en est de même de la récompense,
et tout d'abord de la reconnaissance. Lorsque nous recevons un bienfait,
cette reconnaissance ne se discute pas, elle est aussi un mouvement
réflexe, et lorsqu'elle se prolonge en récompense, c'est que le mouvement de réflexe est devenu réfléchi. Peu à peu aussi ce mouvement
simplement naturel peut se convertir en devoir et en obligation,
lorsque la civilisation a fait plus de progrès. Aujourd'hui, il faut le
reconnaître, elle n'a pas progressé jusque-là.

Nous avons, dans une autre étude, établi le droit prémial en
face du droit pénal, nous voulons ici décrire seulement la réaction qui
en résulte et voir comment elle coïnciderait en ses divers mouvements
avec la réaction pénale.

Toute action, suivant le concept des Indous qui nous semble ici le
véritable, tout *Karman*, produit d'autres actions tantôt chez l'homme
même qui a commis la première, tantôt chez ceux qui ont été affectés
par elle, ce qui revient à dire qu'elle engendre à la fois d'autres
actions et des réactions. Dans le premier sens, elle constitue une habitude ou une tendance à l'habitude, bonne, si l'acte a été bon, mauvaise
si l'acte a été mauvais, et elle s'imprime dans les tissus mêmes de
l'auteur; en outre, elle a des effets physiologiques, psychologiques,
économiques que nous avons décrits pour l'action mauvaise et qui
existent aussi pour l'action bonne. Dans le second sens, elle entraîne
mécaniquement une réaction de même intensité ou d'une intensité
plus grande suivant les cas, mais de même nature. Le premier effet
consiste en l'acceptation du bienfait, de même que le premier effet de
l'action mauvaise consiste dans la répulsion se manifestant par la
légitime défense. Mais cette réaction peut être prolongée; elle tend
alors à la restitution de l'état primitif, non pas en annulant le bienfait, ce qui est d'ailleurs impossible, mais en le compensant par un
autre, de même que l'action dommageable pour l'un se trouvait
compensée par une dommageable pour l'autre et résultant de la
vengeance privée, bienfait pour bienfait, de même que méfait pour

méfait ; et si d'une part : *dent pour dent, œil pour œil,* d'autre part : *amour pour amour, dévouement pour dévouement :* si égoïsme contre égoïsme, aussi altruisme pour altruisme. Enfin, de même que la personne lésée doit prendre ses précautions pour l'avenir et éliminer le coupable à moins qu'il ne s'amende, de même la personne qui a reçu un bienfait doit faire en sorte que la disposition bienveillante dont on a fait usage envers elle ne disparaisse pas, et par conséquent, être agréable au bienfaiteur, et faire en sorte qu'il ne s'éloigne pas. On voit que le processus, pour être inverse, est exactement calqué sur le premier.

Il en est de même quand il s'agit non plus de l'individu, mais de la société. Elle a le même intérêt à récompenser le bien qu'à punir le mal, quoiqu'elle le méconnaisse. Elle se sauvegarde si, par l'action de la récompense, elle augmente le nombre des honnêtes gens, autant et plus que si par la crainte de la peine elle éloigne les mauvais. Bien plus, en augmentant le nombre des premiers par l'emploi des récompenses, elle diminue d'autant celui des malfaiteurs et, par conséquent, n'est plus forcée de faire un usage aussi fréquent des peines.

L'action et la réaction prémiales que nous venons d'esquisser ont l'effet d'avoir un nombre indéterminé de réactions moyennes en sens opposé, de même que la revanche appelait la revanche. La personne qui a reçu le bienfait et qui y répond par un autre bienfait excitera la première à lui en procurer un nouveau, et ainsi indéfiniment, de telle sorte qu'il en résultera un échange perpétuel de bons offices, et une série de réactions agréables.

Cependant cette série peut se trouver à quelque moment interrompue, c'est lorsque la réaction sera éteinte par quelque action de nature contraire : par exemple, l'auteur d'un bienfait ne reçoit pas de bienfait en échange, mais, au contraire, une lésion, ou l'auteur d'un bienfait auquel on avait répondu par un autre bienfait se rend coupable tout à coup d'une mauvaise action. Nous avons déjà constaté cette interruption dans la réaction pénale.

Il est étonnant que la réaction prémiale qui se produit incontestablement dans la nature n'ait pas été prise en considération par les législations positives, et que l'on n'ait pas, à côté du droit pénal, constitué de toutes pièces le droit prémial.

C. — *De l'action et de la réaction réciproques du fait prémial et du fait pénal.*

L'action coupable possède ce double effet de causer une réaction intérieure chez celui qui l'a commise et d'y engendrer d'autres actions coupables et des effets psychologiques et physiologiques nuisibles pour lui, et d'autre part de causer une réaction extérieure de la part de la personne lésée et de la société. Nous avons vu qu'en sens inverse le même effet appartient à l'action héroïque ou même simplement vertueuse, mais d'une vertu surérogatoire. N'y a-t-il pas une action et une réaction réciproques entre l'action bienfaisante et l'action coupable?

Il faut examiner ce point à l'intérieur de l'agent, puis à l'extérieur, dans ses rapports avec l'individu et avec la société.

A l'intérieur de l'agent, nous savons que l'action coupable tend à engendrer d'autres actions coupables, et qu'au contraire l'action vertueuse engendre d'autres actions vertueuses ou y prédispose. Qu'arrivera-t-il s'il y a mélange d'actes coupables et d'actes vertueux? Cela n'est pas impossible, même d'une manière spécifique. On voit une oscillation se produire entre la probité et l'improbité, la chasteté et la débauche. En outre, la moralité est divisible, et un débauché peut être un homme de probité. Il y aura un équilibre, une sorte de compensation non en nombre seul, mais en tenant compte des intensités : les tendances pourront être neutralisées. Il en sera de même des conséquences physiologiques. Enfin la moralité de l'agent elle-même sera réglée par cette alternance. Le système indou a puissamment mis en relief cette situation ; on y établit le doit et l'avoir moral de chaque homme, on en fait la balance d'une manière très curieuse, et la vertu ou le vice consiste dans le reliquat.

A l'extérieur de l'agent et dans ses rapports avec une personne donnée, la combinaison du bienfait et du méfait est peu pratique, car il est rare qu'on n'agisse pas envers le même d'une manière uniforme, mais cela n'est pas impossible. Celui qui a été lésé dans la réaction qu'il exerce, tient naturellement compte des bienfaits antérieurs qu'il avait reçus.

Dans les rapports de l'agent avec la société, cette compensation peut avoir, au contraire, une grande importance et est très pratique. Si la société ne tient pas compte de l'acte héroïque ou surérogatoire isolé pour le récompenser, elle devrait en tenir compte tout au moins pour le déduire de l'action ou des actions coupables, et ne punir que pour l'excédent, car si elle perd d'un côté, elle profite de l'autre, et il n'est pas juste de se plaindre seulement. D'ailleurs, les réactions sont réflexes, et lorsqu'elles sont courantes, elle ne doivent être qu'un prolongement des premières. Cependant aucun droit positif n'établit cette balance. Il y a en cela, suivant nous, une grande injustice.

Si nous consultons les réactions religieuses, indiquées par les divers systèmes de théologie, nous voyons que deux théories ont existé. Suivant le christianisme, par exemple, cette balance n'est point établie, on ne s'occupe que de l'état final qui précède la mort, il suffit pour le salut qu'on meure dans un état vertueux. Au contraire, suivant la doctrine des Indiens, il s'établit pendant toute la vie un compte courant, et à la fin c'est la balance qui décide,

Telles sont les actions et les réactions, seul fondement naturel de la peine, laquelle n'a été d'abord qu'un fait simple engendré mécaniquement par un fait contraire et est restée telle dans la sociologie, ce n'est que d'une façon hystérogène et sous l'influence de la psychologie et de l'éthique qu'elle est devenue un droit et un devoir. A ce dernier point de vue c'est à l'éthique et à la science juridique surtout d'en faire une étude métaphysique ou pratique. Nous nous sommes cantonné au point de vue purement sociologique et l'observant, tant en sociologie statique qu'en sociologie dynamique, nous avons essayé de décrire les éléments naturels, ainsi que la genèse et l'évolution automatiques et nécessaires de la peine, comme étant le développement non d'un droit social, mais, ce qui est bien différent, d'une force sociale, successivement en potentiel et en action.

REVUE INTERNATIONALE

DE

SOCIOLOGIE

PUBLIÉE TOUS LES MOIS, SOUS LA DIRECTION DE

RENÉ WORMS

Secrétaire-Général de l'Institut International de Sociologie

AVEC LA COLLABORATION ET LE CONCOURS DE

MM. Ch. Andler, Paris. — A. Asturaro, Gênes. — A. Babeau, Troyes. — M. E. Ballesteros, Santiago. — P. Beauregard, Paris. — L. Beaurin-Gressier, Paris. — R. Bérenger, Paris. — M. Bernès, Paris. — J. Bertillon, Paris. — A. Bertrand, Lyon. — L. Brentano, Munich. — Ad. Buylla, Oviedo. — Ed. Chavannes, Paris. — E. Cheysson, Paris. — J. Dallemagne, Bruxelles. — E. Delbet, Paris. — C. Dobrogeano, Bucarost. — P. Dorado, Salamanque. — M. Dufourmantelle, Paris. — L. Duguit, Bordeaux. — P. Duproix, Genève — A. Espinas, Paris. — Fernand Faure, Paris. — E. Ferri, Rome. — G. Flamingo, Rome. — A. Fouillée, Paris. — A. Giard, Paris. — Ch. Gide, Montpellier. — R. de la Grasserie, Rennes — P. Guiraud, Paris. — L. Gumplowicz, Graz. — H. Hauser, Clermont. — M. Kovalewsky, Moscou. — F. Larnaude, Paris. — Ch. Letourneau, Paris. — E. Levasseur, Paris. — P. de Lilienfeld, Saint-Pétersbourg. — A. Loria, Padoue. — J. Loutchisky, Kiew. — John Lubbock, Londres. — J. Mandello, Budapest. — L. Manouvrier, Paris. — P. du Maroussem, Paris. — T. Masaryk, Prague. — Carl Menger, Vienne. — G. Monod, Paris. — F. S. Nitti, Naples. — J. Novicow, Odessa. — Ed. Perrier, Paris. — Ch. Pfister, Nancy. — Georges Picot, Paris - Ad. Posada, Oviedo. — O. Pyfferoen, Gand. — A. Raffalovich, Paris. — E. van der Rest, Bruxelles — M. Revon, Tokio. — Th. Ribot, Paris. — Ch. Richet, Paris — E. de Roberty, Tver. — V. Rossel, Berne. — Th. Roussel, Paris. — A. Schæffle, Stuttgard. — F. Schrader, Paris. — G. Simmel, Berlin. — C. N. Starcke, Coppenhague. — L. Stein, Berne. — S. R. Steinmetz, Utrecht. — G. Tarde, Paris. — J. J. Tavares de Medeiros, Lisbonne. — F. Tœnnies, Hambourg. — A. Tratchewsky, Saint-Pétersbourg. — E. B. Tylor, Oxford. — I. Vanni, Rome. — J. M. Vincent, Baltimore. — P. Vinogradow, Moscou. — R. dalla Volta, Florence. — E. Westermarck, Helsingfors. — Emile Worms, Rennes. — L. Wuarin, Genève.

Secrétaires de la Rédaction : Ed. Herriot. — Al. Lambert. — G.-L. Duprat.

Abonnement annuel : FRANCE : 18 fr. — UNION POSTALE : 20 fr.

PARIS

V. GIARD & E. BRIÈRE, Éditeurs

16, RUE SOUFFLOT, 16

1900

LIBRAIRES CORRESPONDANTS :

Benda (B.),	à Lausanne.	Mayoiez (O.) & J. Audiarte,	à Bruxelles.
Brockhaus (F. A.),	à Leipzig.	Nutt (David),	à Londres.
Feikema Caarelsen & Cⁱ,	à Amsterdam.	Sanson et Wallin	à Stockholm
Férin & Cⁱ,	à Lisbonne.	Stapelmohr (H.),	à Genève.
Gerold & Cⁱ,	à Vienne.	Stechert (G. E.),	à New-York.
Kilian's (F).	à Budapest.	Van Stockum & Fils,	à La Haye.
Kramern & Fils,	à Rotterdam.		
Loescher & Cⁱ	à Rome.		

V. GIARD ET E. BRIÈRE, ÉDITEURS, 16, RUE SOUFFLOT, PARIS.

BIBLIOTHÈQUE
SOCIOLOGIQUE INTERNATIONALE

PUBLIÉE SOUS LA DIRECTION DE

RENÉ WORMS

Secrétaire Général de l'Institut International de Sociologie.

Cette collection se compose de volumes in-8°, reliure souple (1).

Ont paru :

RENÉ WORMS : *Organisme et Société.* . . . . 8 fr.
PAUL DE LILIENFELD : *La Pathologie Sociale.* . . . . 8 fr.
FRANCESCO S. NITTI : *La Population et le Système social.* . . . 7 fr.
ADOLFO POSADA :*Théories modernes sur les Origines de la Famille, de
la Société et de l'Etat.* . . . . 6 fr.
SIGISMOND BALICKI : *L'Etat comme organisation coercitive de la Société
Politique.* . . . . 6 fr.
JACQUES NOVICOW : *Conscience et Volonté Sociales.* . . . . . . 8 fr.
FRANKLIN H. GIDDINGS : *Principes de Sociologie.* . . . . 8 fr.
ACHILLE LORIA : *Problèmes Sociaux Contemporains.* . . . . . . 6 fr.
MAURICE VIGNES : *La Science Sociale d'après les principes de Le Play
et de ses continuateurs,* 2 volumes. . . . . 20 fr.
M. A. VACCARO : *Les Bases sociologiques du Droit et de l'Etat.* . . 10 fr.
LOUIS GUMPLOWICZ : *Sociologie et Politique.* . . . . 8 fr.
SCIPIO SIGHELE : *Psychologie des Sectes.* . . . . 7 fr.
G. TARDE : *Etudes de Psychologie Sociale.* . . . . 9 fr.
MAXIME KOVALEWSKY : *Le Régime économique de la Russie.* . . . 9 fr.
C. N. STARCKE : *La Famille dans les diverses sociétés* . . . . . . 7 fr.
RAOUL DE LA GRASSERIE : *Des Religions comparées au point de vue sociolo-
gique.* . . . . 9 fr.
JAMES MARK BALDWIN : *Interprétation sociale et morale des principes
du développement mental.* . . . . 12 fr.
G. L. DUPRAT : *Science Sociale et Démocratie* . . . . 8 fr.
H. LAPLAIGNE : *La Morale d'un Egoïste; essai de morale sociale.* . . 7 fr.
JACQUES LOURBET : *Le Problème des Sexes.* . . . . 7 fr.
E. BOMBARD : *La Marche de l'Humanité et les Grands Hommes d'après la
doctrine positive.* . . . . 8 fr.

Paraîtront successivement :

JOAQUIN COSTA, membre de l'Académie Royale de Madrid et de l'Institut Int^{al} .
de Sociologie: *Le Collectivisme agraire en Espagne, les doctrines et les faits.*
JULES MANDELLO, chargé de cours à l'Université de Budapest, membre de l'Institut Int. de Sociologie : *Essai sur la Méthode des Recherches Sociologiques.*
MAXIME KOVALEWSKY, membre de l'Institut International de Sociologie : *Les
Questions Sociales au Moyen-Age. — Tableau des origines et de l'évolution de
la famille et de la propriété* (nouvelle édition).

(1) *Les volumes de la collection pourront aussi être achetés brochés avec
une diminution de 2 francs.*

Beaugency. — Imp. J. Laffray